DAS ULTIMATIVE
MÄNNER
KOCHBUCH

Foodfotografie

Maria Brinkop Fotografie (S. 102); Kay Johannsen (S. 50, 120/121); Joerg Lehmann (S. 66/67);
Studio Klaus Arras (S. 79, 85); TLC Fotostudio (alle übrigen Rezeptfotos)

Illustrationen

© nafanya241 – Fotolia.com

Fonds

Fotolia.com: © antonel (S. 51, 109); © Artenauta (S. 4-13, 16/17, 22/23, 26/27, 30/31, 34/35, 42-45, 52/53, 58/59, 62/63,
70-75, 80/81, 88/89, 94, 98/99, 104/105, 110-113, 116/117, 122/123); © hypnocreative (S. 61); © kwasny221 (S. 19, 93)

Texte und Rezepte

Gertrud Berning/Sylvia Winnewisser (S. 83); Guido Cravelius (S. 51, 124); Sabine Durdel-Hoffmann (S. 100, 113);
Nina Engels (S. 10/11, 54-64, 69-73, 86, 90, 93, 103); Gabriele Frankemölle/Sylvia Winnewisser (S. 126);
Marie Gründel (S. 19); Anne Iburg (S. 20, 80); Greta Jansen (S. 41); Silke Nellen (S. 4/5); TLC Fotostudio (S. 15, 16,
22, 23, 33, 34, 38, 45, 46, 49, 51, 89, 119, 121); VEMAG-Verlagsarchiv (S. 79, 84); Usch von der Winden (S. 67);
Sylvia Winnewisser (S. 25, 27, 29, 37, 42, 76, 78, 96-99, 105-110, 114, 115, 122, 123)

Abkürzungen

cm	=	Zentimeter	KH	=	Kohlenhydrate
E	=	Eiweiß	kJ	=	Kilojoule
EI	=	Esslöffel	l	=	Liter
F	=	Fett	ml	=	Milliliter
FP	=	Fertigprodukt	Msp.	=	Messerspitze
g	=	Gramm	P.	=	Päckchen
kcal	=	Kilokalorien	TK	=	Tiefkühlprodukt
kg	=	Kilogramm	TI	=	Teelöffel

Hinweise

Die Backofentemperaturen beziehen sich auf den Elektroherd mit Ober- und Unterhitze. Falls Sie mit
Umluft arbeiten, reduzieren Sie die Temperatur um 20 °C. Soweit nicht anders angegeben, werden die
Backwaren auf der mittleren Einschubleiste gebacken.

Wenn in der Zutatenliste „Pfeffer" genannt wird, so wird darunter stets frisch gemahlener schwarzer
Pfeffer aus der Mühle verstanden. Alle anderen Pfeffersorten werden explizit genannt.

INHALT

MÄNNER AN DEN HERD!

Für jede Lebenslage, die Mann zu meistern hat, gibt es in diesem Kochbuch die richtigen Zutaten: Einfaches für Kochanfänger. Gesunde und geliebte Familienrezepte, wenn Papa kocht. Fleischiges, wenn der echte Hunger kommt. Wer die Freundin verwöhnen oder die Schwiegermutter beeindrucken will, wird im Verführer-Kapitel fündig. Und Männer, die am liebsten um den Grill stehen, finden heiße Grillrezepte im Grill-Kapitel. Dazu Süßes, denn das darf nie fehlen. Noch mehr Gründe, warum Männer so gut in die Küche passen, gibt es hier:

1) KOCHEN IST ABWECHSLUNG.

„Mann" will schließlich ab und zu auch mal was anderes konsumieren als TK-Pizza oder das Grundnahrungsmittel Chips. Öfter mal was Neues, heißt die Devise.

2) KOCHEN GEHT SCHNELL.

Es stimmt wirklich: Viele Rezepte in diesem Buch dauern auch nicht länger, als zum nächsten Imbiss zu laufen und Currywurst mit Pommes zu bestellen. Bratkartoffeln mit Speck, Spaghetti aglio e olio, Hamburger oder Chicken Wings sind ruck, zuck zubereitet. Und schmecken tut's sowieso viel besser.

3) KOCHEN IST PREISWERT.

A man's best friends sollten nicht zwangsläufig Mikrowelle und Frittenbude sein – denn das sorgt auf Dauer nicht nur für Übergewicht und ist ungesund, sondern geht auch unnötig ins Geld.

4) WER AM HERD STEHT, BESTIMMT!

Mann will's krachen lassen? Dann mit Spaghetti Bolognese mit viel Fleisch, Wiener Schnitzel mit viel knuspriger Panade oder Kartoffelgratin mit viel Käse. Es geht aber auch edel. Oder vegetarisch. Oder vegan. Gekocht wird, was der Körper gerade braucht. Auf den Teller kommt, was am meisten Appetit macht.

5) KOCHEN LIEGT VOLL IM TREND.

Der moderne Mann ist kein Patriarch mehr, der - sollte er auf sich allein gestellt sein - nicht mal ein Ei kochen kann. Das ist einfach total out. Macho-Allüren sind andernorts viel besser aufgehoben als in der Küche - nämlich da, wo er UND sie etwas davon haben ...

6) KOCHEN MACHT SEXY.

Wirklich wahr! Frauen stehen auf „kochende Leiden-schaft". Denn wenn ein Mann kocht, bedeutet das für Frauen übersetzt: „Er ist sinnlich und ein Genießer. Er ist häuslich. Er ist selbstständig. Er weiß Lebensqualität zu schätzen. Er ist kein Macho, der will, dass ich ihn von vorn bis hinten bediene." Um den guten Eindruck weiter aufrechtzuerhalten, gilt allerdings unbedingt: hinterher auch die Küche aufräumen. Wer dreckige Töpfe und das Küchenschlachtfeld der Liebsten überlässt, hat die halbe Miete direkt wieder verspielt.

7) LIEBE GEHT DURCH DEN MAGEN.

Und Frauen lassen sich gern verwöhnen. Ergo: Die beste Möglichkeit, ein weibliches Wesen zu erobern, besteht darin, sich direkt ins Herz der Angebeteten zu kochen. Mit Verführer-Gerichten wie Venusmuschel-Curry, Risotto mit Steinpilzen oder Seeteufelfilet mit Oliven-paste. Ein „Rezept", das sich nicht nur für die Liebste eignet: Auch der strengste Schwiegermutter-Drachen wird durch die Demonstration solcher Kochkünste garantiert zum handzahmen Schoßhündchen ...

8) KOCHEN IST „HEIMWERKEN".

Fürs Kochen braucht man Kraft - man denke nur an manch hartnäckige Schraubgläser, die sich einfach nicht öffnen lassen wollen. Man braucht Mut - siehe heißes, zischendes und spritzendes Fett oder das Zerlegen von ganzem Getier. Und man braucht Handwerkszeug - denn was sind Kochutensilien schließlich anderes?

9) KOCHEN IST ABENTEUER.

Darauf steht jeder Mann: sich in einem unbekannten Grenzland zu beweisen, seine Fähigkeiten unter Beweis zu stellen, Pionierarbeit zu leisten. Genau das bietet das Abenteuer Küche. Unerforschte Welten für kulinarische Captain Picards. Ein Ort unbegrenzter Experimentier-freude, die Männer schon als kleine Jungs mit ihrem Chemiebaukasten ausgelebt haben. Allerdings gilt auch hier: Vorsicht, damit nichts zu brennen anfängt und hinterher nicht die Wohnung in Schutt und Asche liegt.

10) DER MANN AM HERD IST EIN HELD.

Wer den kulinarischen Kampf aufnimmt und erfolgreich aus der Küchenschlacht hervorgeht, verdient Bewunde-rung und Ruhm. Beim Kochen werden außerdem Über-lebensinstinkt und strategisches Denken geschult. Und: „Mann" hantiert beim Kochen mit gefährlichen, scharfen Waffen. Wie gesagt: eine Männerdomäne!

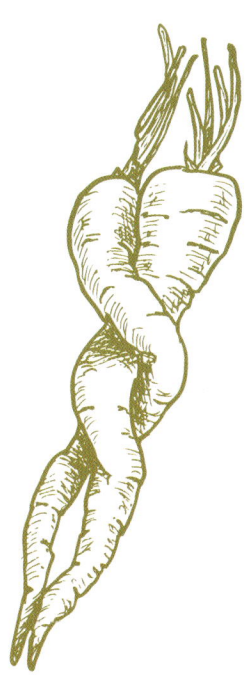

GARMETHODEN & ARBEITSTECHNIKEN

ABLÖSCHEN

Scharf angebratenes Fleisch, aber auch Gemüse, wird mit Flüssigkeit (z. B. Brühe oder Wein) abgelöscht, um den Bratensatz zu lösen und mit ihm eine Sauce zu machen.

ABSCHRECKEN

Gemüse wird nach dem Blanchieren mit kaltem Wasser übergossen oder in Eiswasser gegeben, um den Garprozess zu stoppen und Farbe und Nährstoffe zu erhalten.

ABSEIHEN

In Flüssigkeit gekochte Lebensmittel (meist Gemüse, Kartoffeln oder Nudeln) werden über einem Sieb abgeseiht, um sie vom Kochsud zu trennen.

BLANCHIEREN

Als Blanchieren bezeichnet man einen kurzen Garprozess in siedendem Wasser. Dazu werden die Zutaten in siedendes Salzwasser gegeben, nach kurzem Aufwallen mit dem Schaumlöffel herausgenommen und sofort unter fließendem kalten Wasser gekühlt. Vor allem geeignet für Gemüse mit kurzer Garzeit (Spinat, Brokkoli, feine Bohnen).

BRATEN

Kleine und flache Lebensmittel wie Frikadellen, Fleischscheiben, Gemüse und Würste brät man am besten in einer Pfanne auf dem Herd (Kurzbraten). Im Backofen wird vornehmlich großes Gargut wie Braten, ganze Fische oder Geflügel gebraten, und zwar bei Temperaturen zwischen 160 und 250 °C.

DÄMPFEN

Beim Dämpfen, auch Dampfgaren genannt, werden die Nahrungsmittel in einem Wasserdampf-Luft-Gemisch bei Temperaturen um die 100 °C gegart. Bei dieser sanften Zubereitungsart gehen kaum Mineralstoffe und Vitamine verloren. Mit Ausnahme von Hülsenfrüchten, Weiß-, Rot- und Grünkohl sowie Spargel können Sie alle Nahrungsmittel dämpfen. Dämpfen kann man im normalen Kochtopf mit Siebeinsatz, im Dampfkorb, im Dampfkochtopf oder im speziellen Dampfbackofen.

DÜNSTEN

Unter Dünsten versteht man das Garen von Lebensmitteln im eigenen Saft unter Zugabe von etwas Fett und Flüssigkeit. Gedünstet wird im geschlossenen Topf oder in Alufolie bei einer Temperatur von 100 °C. Besonders ideal für wasserreiche Lebensmittel wie Gemüse, Fisch, Fleisch und Obst.

FRITTIEREN

Hierunter versteht man das Ausbacken in reichlich Fett bei Temperaturen von 180–200 °C. Das geht in einem einfachen Topf oder in einer Fritteuse. Zum Frittieren eignen sich alle panierten und in Backteig gehüllten Fleisch-, Geflügel- und Fischstücke sowie Kartoffeln, Gemüse und Schmalzgebäck. Als Fett bieten sich Palmöl, Kokosfett oder raffiniertes Olivenöl an.

GAREN MIT NIEDRIGTEMPERATUR

Diese Methode wird vor allem von Koch-Profis genutzt und ist ein Garant für superzartes Fleisch. Das Fleisch wird meist kurz und kräftig angebraten, damit es wenig Saft verliert, und dann bei 80–100 °C im Ofen über mehrere Stunden gegart.

GRATINIEREN

So nennt man das Überbacken von Gerichten, bis sie goldbraun sind oder eine leichte Kruste haben. Zum Gratinieren im Backofen oder unter dem Grill eignen sich fast alle Lebensmittel.

KOCHEN (SIEDEN)

Kochen ist das Garen von Nahrungsmitteln in reichlich Flüssigkeit bei Temperaturen um den Siedepunkt (100 °C).

MARINIEREN

Hierbei werden Nahrungsmittel – meist Fleisch, Geflügel, Fisch oder Gemüse – für einige Stunden oder mehrere Tage in eine aromatische Sauce aus Öl, Wein oder Essig sowie Kräutern und Gewürzen eingelegt, um ihren Geschmack zu intensivieren und sie zarter zu machen.

PASSIEREN

Beim Passieren werden Flüssigkeiten oder verschiedene Massen durch ein Sieb gestrichen, um sie von festen Bestandteilen zu befreien, z. B. Früchte, Konfitüren oder Saucen.

POCHIEREN ODER GARZIEHEN

Pochieren oder auch Garziehen nennt man das Garen in Flüssigkeit bei Temperaturen unterhalb des Siedepunktes. Diese Garmethode eignet sich vor allem für zartes Fleisch, Fisch, Geflügel, Obst, Knödel und Eier.

PFANNENRÜHREN

Bei dieser schnellen und schonenden Garmethode werden die klein geschnittenen Zutaten unter ständigem Rühren oder Schwenken mit wenig Fett im Wok oder in einer hohen Pfanne schnell gebraten.

PÜRIEREN

Zermusen von zumeist gekochten Lebensmitteln mithilfe eines Pürierstabs, aber auch mit Sieben, Stampfern etc. Der große Klassiker ist das Kartoffelpüree – das darf allerdings nur gestampft und nicht püriert werden, sonst wird es zäh!

REDUZIEREN

Beim Reduzieren werden Flüssigkeiten wie Fonds, Bratensaft, Saucen oder Sahne stark eingekocht, um sie dickflüssiger zu machen und den Geschmack zu intensivieren.

RÖSTEN

Lebensmittel wie Kaffeebohnen, Nüsse, Mandeln oder Kastanien werden geröstet, um sie noch aromatischer zu machen. Das Rösten erfolgt im Ofen oder in der Pfanne und immer ohne Zugabe von Fett oder Flüssigkeit.

SCHMOREN

Dafür werden Fleisch- oder Gemüsegerichte zuerst angebraten und dann im geschlossenen Topf unter Zugabe von wenig Flüssigkeit auf niedriger Herdstufe bei ca. 100 °C gegart. Wichtig beim Schmoren: Der Topfboden muss ständig mit Flüssigkeit bedeckt sein und der Deckel fest auf dem Topf liegen.

WASSERBAD

Ein Wasserbad dient zum Erwärmen, Schmelzen und Garen von empfindlichen Speisen in einem offenen oder geschlossenen Gefäß, das in heißem oder siedendem Wasser hängt. Im Wasserbad schlägt man Eierstich, Eiercremes, Schokolade und Saucen. Dafür erhitzt man in einem großen Topf das Wasser auf etwa 80 °C. In das Wasserbad stellt man nun eine Schüssel mit der Creme, die ständig gerührt werden muss.

OBST & GEMÜSE PUTZEN, WASCHEN UND SCHÄLEN

- Lebensmittel möglichst im Ganzen waschen, damit wenig Nährstoffe verloren gehen.
- Gründlich, am besten mit kaltem Wasser, aber möglichst kurz waschen.
- Verdorbene, welke oder harte Pflanzenteile entfernen.
- Ungenießbare oder harte Schalen entfernen, so wenig wie möglich abschälen, da direkt unter der Schale die besten Inhaltsstoffe liegen.
- Geschälte Lebensmittel, vor allem Obst, am besten direkt weiterverarbeiten, Luftsauerstoff bewirkt Verfärbungen und Vitaminverlust. Alternative: Mit Zitronensaft beträufeln und mit Frischhaltefolie abgedeckt im Kühlschrank aufbewahren.
- Pilze am besten nur putzen und nicht oder nur kurz waschen, damit sie sich nicht mit Wasser vollsaugen.

TOMATEN HÄUTEN

- Die Haut an der Oberseite kreuzweise einschneiden.
- Tomaten für ca. 10 Sekunden in kochendes Wasser legen, dann herausnehmen und mit eiskaltem Wasser abschrecken.
- Die Haut mit einem Gemüsemesser abziehen, den Strunk herausschneiden.

PASTA AL DENTE KOCHEN

- 1 l Wasser pro 100 g Nudeln in einem großen Topf zum Kochen bringen; der Topf soll dabei nur zu 3/4 gefüllt sein (geben Sie kein Öl ins Kochwasser, sonst rutscht später die Sauce von der Pasta). Die Nudeln in das kochende Wasser geben und gut umrühren, damit nichts am Boden kleben bleibt. Erst jetzt salzen, dann kocht das Wasser schneller wieder. Das ist wichtig, denn die Pasta soll kochen und nicht quellen.
- Damit die Nudeln nicht verkochen, bereits nach 3/4 der empfohlenen Garzeit eine Nudel probieren. Ist sie noch zu fest und mehlig, nach 1 Minute erneut versuchen. Und so weiter, bis die Nudel zwar samtig ist, aber noch Biss hat („al dente" ist).
- Behalten Sie beim Abgießen immer etwas von dem Nudelwasser zurück; oft macht es die Sauce noch etwas geschmeidiger und sorgt durch die Stärke dafür, dass die Sauce gut an den Nudeln haftet. Und bedenken

Sie, dass die Pasta nach dem Abgießen noch leicht weitergart. Daher am besten sofort mit der Sauce mischen und servieren. Mit kaltem Wasser sollte man Pasta nur abschrecken, wenn diese danach zu einem Salat weiterverarbeitet wird.

LAGERN

- Frische Knoblauchzehen können lange aufbewahrt werden, wenn man sie in neutrales Öl einlegt und im Kühlschrank lagert. Nach einiger Zeit nimmt das Öl das Aroma an und kann zum Würzen verwendet werden.
- Rohes Fleisch verträgt es nicht, auf einem Holzbrett gelagert zu werden: Das Holz zieht den Saft aus dem Fleisch, und dieses trocknet aus.
- Frischer Ingwer kann monatelang aufbewahrt werden, wenn man ihn schält und in trockenen Sherry einlegt.
- Petersilie bleibt am längsten frisch, wenn sie fest in Alufolie eingewickelt und im Kühlschrank gelagert wird.

DIES UND DAS

- Um Oliven zu entsteinen, legt man sie auf die Arbeitsplatte und rollt mit dem Nudelholz mehrmals darüber. Dann lassen sich die Steine viel leichter herausholen.
- Hart und trocken gewordenes Brot muss man nicht wegwerfen. Wird es mit einem feuchten Tuch umwickelt und nach einiger Zeit für 30 Minuten in den Backofen gegeben, wird es wieder weich und frisch.
- Panierte Fische sowie Fleischstücke sollten sofort in die Pfanne, weil die Panade sonst aufweicht. Den Fisch bzw. das Fleisch also erst in Mehl, Eiern und Semmelbröseln wenden, wenn das Fett schon in der Pfanne brutzelt.
- Lauch ist oft stark durch Sand und Erde verschmutzt. Schneiden Sie die ganze Stange vom grünen Ende her längs ein, aber nicht ganz durch. Dann gründlich unter fließendem Wasser spülen.

- Ganze Gewürze wie Nelken, Pfefferkörner und Lorbeerblätter, die nicht mitgegessen werden sollen, lassen sich gut in einem Teenetz oder einem Stoffsäckchen mitkochen. So erspart man sich anschließend das Herausfischen der einzelnen Gewürze.
- Den Belag für die Pizza sollten Sie erst unmittelbar vor dem Backen auf dem Teig verteilen, damit dieser nicht durchweicht.
- Größere Mengen von Frikadellen in der Pfanne zu braten, ist sehr zeit- und geruchsintensiv. Besser geht's im Ofen. Die Frikadellen auf ein gefettetes Backblech legen und bei 200 °C garen.
- Fleisch sollte man immer erst kurz vor seiner Verarbeitung salzen, da das Salz es sonst austrocknet. Klein geschnittene Fleischstücke wie z. B. Gulasch erst nach der Hälfte der Garzeit salzen.
- Blattsalate sollten nicht mehr nass sein, wenn sie mit dem Dressing in Berührung kommen, da dieses sonst fad und wässrig wird und sich nicht so gut um die Blätter legen kann. Daher sollten Sie Blattsalate immer mit einer Salatschleuder oder in einem Küchentuch trocknen. Dazu den Salat in das Küchentuch geben und dieses schwenken.
- Unangenehmen Fischgeruch an Händen und Arbeitsgeräten können Sie vermeiden, indem Sie die Hände vorher anfeuchten, Arbeitsgeräte zuerst mit Papier abreiben, dann kalt abspülen und dann erst mit Spülmittel und heißem Wasser reinigen.
- Blattsalate bleiben länger frisch, wenn sie in Küchenpapier eingewickelt und in einem Plastikbeutel oder einer luftdichten Dose im Gemüsefach aufbewahrt werden.
- Wenn man Fleisch vor dem Grillen mit ein wenig Öl bepinselt, bleibt es saftiger, da das Öl sofort die Poren verschließt und keinen Saft nach außen treten lässt. Je nach Ölsorte kann dieses auch als Würze dienen.
- Am besten schmeckt Pfeffer frisch gemahlen. Die Anschaffung einer kleinen Pfeffermühle lohnt sich!
- Abgepackten geriebenen Käse möglichst nur im Notfall benutzen – frisch gerieben schmeckt Käse viel aromatischer!
- Salatsauce lässt sich gut auf Vorrat vorbereiten. In einem Glas mit Schraubverschluss hält sie sich im Kühlschrank bis zu 1 Woche.
- Ist eine Speise zu scharf geraten, kann man die Schärfe durch Zugabe von etwas Sahne, Joghurt oder Kokosmilch (bei asiatischen Gerichten) abmildern oder eine Kartoffel mitkochen bzw. hineinreiben.

DAS PERFEKTE STEAK

Steaks werden vorwiegend aus dem Filet, aus dem Rücken oder aus der Hüfte geschnitten. Beim Zubereiten der köstlichen Fleischscheiben müssen ein paar Punkte beachtet werden, damit die Steaks schön saftig und zart bleiben. Das notwendige Know-how erhalten Sie hier.

- Das Fleisch rechtzeitig aus dem Kühlschrank nehmen und auf Zimmertemperatur erwärmen. Bei Dry-aged-Beef nicht erforderlich, bei anderen Fleischsorten aber wichtig: Vor dem Garen sollte das Fleisch immer mit Küchenkrepp trocken getupft werden. So wird in der Pfanne ein Spritzen verhindert und die aromatische Krustenbildung gefördert. Fettränder nicht ab-, aber einschneiden, damit sich das Fleisch nicht zusammenzieht und wellt.

- Das Fleisch erst kurz vor dem Braten salzen, sonst wird ihm Flüssigkeit entzogen. Kommt Fleisch auf den Grill, wegen der starken Hitze erst später pfeffern. Die Pfanne (am besten gusseisern) erhitzen, dann hoch erhitzbares Pflanzenöl oder Butterschmalz hineingeben. Erst wenn auch dieses richtig heiß ist, kommt das Fleisch hinein.
- Für eine optimale Krustenbildung sollte nie zu viel Fleisch in die Pfanne. Außerdem sollte das Fleisch nur einmal gewendet werden. Das heißt: Ein durchschnittlich dickes Steak von 2,5–3 cm Dicke wird von einer Seite 3–4 Minuten angebraten, danach gewendet und bei ebenso starker Hitze von der anderen Seite genauso lange weitergebraten.
- Um den gewünschten Gargrad festzustellen, ist für Geübte die Fingerdruck-Methode die beste Wahl (siehe Seite 11). Für weniger Geübte ist ein Fleischthermometer sicherlich hilfreich. Es wird nach dem ersten Wenden in die Mitte des Fleischstücks gesteckt und gibt dann zuverlässig die Kerntemperatur an. Der Nachteil: Durch den Stich tritt Fleischsaft aus, der eigentlich im Fleisch bleiben sollte. Beachten Sie generell, dass das Fleisch beim Ruhen noch nachgart – nehmen Sie insbesondere Rind- und Lammfleisch daher im Zweifel eher früher aus der Hitze.
- Ist der gewünschte Gargrad erreicht, muss das Fleisch noch ein paar Minuten ruhen, entweder in der vom Herd gestellten Pfanne oder in Alufolie gewickelt (dann wird die Kruste allerdings wieder weicher). Etwas anders sieht es bei dickeren Fleischstücken aus. Hier wird nach dem beidseitigen krossen Anbraten das Fleisch entweder im vorgeheizten Ofen fertig gegart oder aber die Temperatur auf dem Herd reduziert. Auf dem Grill sollte der Rost entsprechend höher gestellt und so die Temperatur reguliert werden.

GARSTUFEN FÜR STEAKS

Generell unterscheidet man folgende Garstufen
(bei Steaks mit einem Gewicht von ca. 200 g):

BLUTIG (ENGL. = RARE; FRANZ. = SAIGNANT)
Steak ist innen roh und hat außen eine dünne braune
Kruste.
ENGLISCH (ENGL. = MEDIUM RARE;
FRANZ. = À POINT/ANGLAIS)
Steak ist im Kern roh, um den Kern herum rosa und hat
außen eine braune Schicht.
ROSA (ENGL. = MEDIUM; FRANZ. = DEMI-ANGLAIS)
Steak hat einen rosafarbenen Kern und ist nach außen
hin durchgebraten.
DURCHGEBRATEN (ENGL. = WELL DONE;
FRANZ. = BIEN CUIT)
Steak ist vollständig durchgebraten.

FINGERDRUCK-METHODE

Der richtige Garpunkt lässt sich mithilfe einer Druck-
probe recht gut bestimmen. Zugegeben: Die Methode
braucht ein wenig Übung, doch hat man erst den Dreh
raus, ist sie kinderleicht.

SO GEHT'S:
Wenn Sie Ihr Steak „blutig" mögen, führen Sie Ihren
Zeigefinger und den Daumen zusammen (nicht pressen)
und drücken mit einem Finger der anderen Hand auf
den Handballen unterhalb des Daumens. Drücken Sie
dann auf das Fleisch, um zu sehen, wie stark es nachgibt.
Wenn es sich genauso anfühlt, ist Ihr Steak *rare* gebraten. Wenn Sie Ihr Steak *medium* mögen, gehen Sie
genauso vor, verwenden aber anstelle des Zeigefingers
den Mittelfinger. Um Ihr Steak durchzubraten, nehmen
Sie den kleinen Finger.

DER ANFÄNGER

EINFACHE REZEPTE FÜR KOCHBEGINNER

Tomatensuppe

MIT THYMIAN

FÜR 4 PORTIONEN

- 1 ½ kg reife Tomaten
- 1 Zwiebel
- 2 El Olivenöl
- 30 g Mehl
- 500 ml Gemüsebrühe
- 3 Zweige Thymian
- Salz
- Pfeffer
- Zucker
- Tabasco
- 2 cl Wodka
- 100 ml Sahne
- ½ Bund Basilikum

PRO PORTION
ca. 205 kcal/861 kJ
5 g E, 11 g F, 17 g KH

ZUBEREITUNGSZEIT: ca. 20 Minuten (plus Schmor- und Garzeit)

1| Die Tomaten waschen, vierteln, die Stielansätze entfernen. Die Zwiebel schälen und fein würfeln. Das Öl in einem Topf erhitzen und die Zwiebel darin glasig dünsten. Das Mehl darüberstäuben und unter Rühren andünsten.

2| Die Tomatenviertel in den Topf geben und nach und nach die Brühe angießen. Den Thymian waschen, trocken schütteln und zu den Tomaten geben. Mit Salz und Pfeffer würzen. Die Suppe etwa 30 Minuten köcheln.

3| Die Suppe durch ein Sieb streichen und mit Salz, Pfeffer, Zucker und einigen Spritzern Tabasco pikant abschmecken. Den Wodka angießen. Die Sahne steif schlagen. Das Basilikum waschen, trocken schütteln und hacken. Die Tomatensuppe mit Sahnehäubchen und Basilikum bestreut servieren.

BRATKARTOFFELN

MIT SPECK

FÜR 4 PORTIONEN

- 1 kg festkochende Kartoffeln
- Salz
- 100 g Schinkenspeck
- 1 Zwiebel
- 3 El Öl
- Pfeffer
- 2 El frisch gehackter Dill

PRO PORTION
ca. 243 kcal/1020 kJ
10 g E, 4 g F, 37 g KH

ZUBEREITUNGSZEIT: ca. 15 Minuten (plus Garzeit)

1| Die Kartoffeln waschen und in der Schale in kochendem Salzwasser etwa 20 Minuten garen. Abgießen und etwas ausdämpfen lassen. Dann die Kartoffeln pellen und abkühlen lassen. Anschließend in Scheiben schneiden.

2| Den Speck in sehr feine Würfel schneiden. Die Zwiebel schälen und fein hacken. Das Öl in einer gusseisernen Pfanne sehr heiß werden lassen und die Kartoffelscheiben hineingeben. Auf der Unterseite bräunen, dann durch Schwenken der Pfanne die Kartoffeln wenden.

3| Speck und Zwiebel zu den Kartoffeln geben und mitschmoren. Die Kartoffeln goldbraun braten, mit Salz und Pfeffer würzen und mit Dill bestreut servieren. Dazu passen Rührei und Gewürzgurken.

RINDFLEISCHTOPF

MIT GEMÜSE UND BIER

FÜR 4 PORTIONEN

• 2 Zwiebeln
• 1 Knoblauchzehe
• 3 Möhren
• 1 große Pastinake
• 2 Stangen Sellerie
• 6 Stängel Thymian
• 600 g Rindergulasch
• 2 El Pflanzenöl
• 2 El Tomatenmark
• 330 ml dunkles Bier
• 1 l heiße Gemüsebrühe
• 1 Tl Salz
• 1 Msp. Pfeffer
• 1 Lorbeerblatt

PRO PORTION
ca. 401 kcal/1679 kJ
33 g E, 19 g F, 19 g KH

ZUBEREITUNGSZEIT: ca. 30 Minuten (plus Garzeit)

1| Zwiebeln und Knoblauch schälen und fein hacken. Möhren und Pastinake schälen, putzen und in 2-3 cm große Würfel schneiden. Den Sellerie waschen und in Scheiben schneiden. Den Thymian waschen, trocken schütteln und die Blättchen abzupfen. Das Rindfleisch abspülen und trocken tupfen.

2| Das Öl im Topf erhitzen und das Rindfleisch darin von allen Seiten gut anbraten. Zwiebeln, Gemüse und Knoblauch dazugeben und ebenfalls anbraten. Das Tomatenmark mit etwas Wasser vermischen, über das Fleisch geben und verrühren. Kurz einköcheln lassen, dann mit dem Bier ablöschen.

3| Die Hitze auf niedrigste Stufe reduzieren. Gemüse, Thymian, Gemüse-brühe, Salz, Pfeffer und Lorbeerblatt zugeben und einen Deckel auflegen. Den Rindfleischtopf ca. 2 Stunden garen. Mit Salz und Pfeffer abschmecken.

Chili

— CON CARNE —

FÜR 4 PORTIONEN

- 500 g Kidneybohnen
  aus der Dose
- 850 g Tomaten
  aus der Dose
- 1 große Zwiebel
- 2 Knoblauchzehen
- 1–2 rote Chilischoten
- je 1 rote und grüne
  Paprikaschote
- 2 El Olivenöl
- 500 g Rinderhackfleisch
- 1 El Tomatenmark
- 350 ml Gemüsebrühe
- Salz
- Pfeffer
- 1 Tl edelsüßes Paprikapulver
- ½ Tl gemahlener Kreuzkümmel

PRO PORTION
ca. 450 kcal/1880 kJ
35 g E, 24 g F, 24 g KH

ZUBEREITUNGSZEIT: ca. 30 Minuten (plus Garzeit)

1| Die Kidneybohnen in ein Sieb geben und abtropfen lassen.
Die Tomaten aus der Dose in Stücke schneiden.

2| Die Zwiebel und den Knoblauch abziehen und fein hacken. Die Chilischoten
längs halbieren, entkernen, waschen, trocknen und schräg in Ringe
schneiden. Die Paprika putzen, entkernen, waschen und würfeln.

3| Das Olivenöl in einem Topf erhitzen und das Hackfleisch darin anbraten,
bis es sich verfärbt und krümelig wird. Dann das Fleisch auf eine Seite des
Topfes schieben und Zwiebel, Knoblauch und Chili auf der anderen Seite
anschwitzen.

4| Die Tomatenstücke, Paprikawürfel, die Bohnen und das Tomatenmark unter-
rühren. Mit der Brühe aufgießen und zugedeckt ca. 20 Minuten auf kleiner
Flamme schmoren lassen. Das Chili mit den Gewürzen abschmecken und mit
frischem Baguette oder Reis servieren.

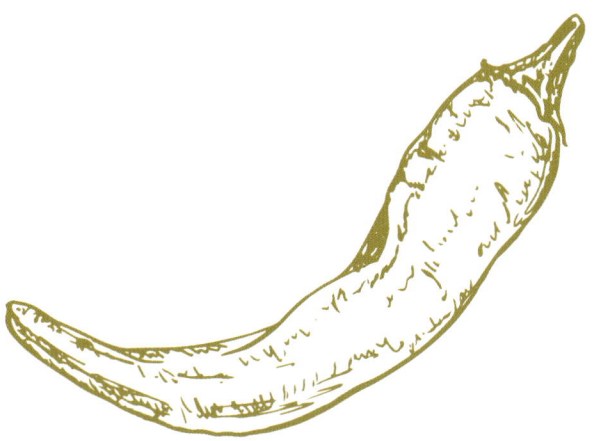

Spaghetti

— AGLIO E OLIO —

FÜR 4 PORTIONEN

- 400 g Spaghetti
- ½ frische rote Chilischote
- 1 Bund Petersilie
- 60 ml extra natives Olivenöl
- 4 Knoblauchzehen
- 1 getrocknete Chilischote
- Salz
- Pfeffer

PRO PORTION
ca. 493 kcal/2070 kJ
13 g E, 18 g F, 70 g KH

ZUBEREITUNGSZEIT: ca. 10 Minuten (plus Kochzeit)

1| Die Spaghetti nach Packungsanweisung bissfest garen. Die Chilischote waschen, entkernen und hacken. Die Petersilie waschen, trocken schütteln und hacken.

2| Olivenöl in einem Topf erhitzen und die gehackte Chilischote 2 Minuten darin schmoren. Knoblauchzehen schälen, hacken und 1 Minute mitbraten. Den Knoblauch aber nicht bräunen, sonst wird er bitter. Die getrocknete Chilischote dazubröseln.

3| Spaghetti in einem Sieb abtropfen lassen. Mit der Petersilie zu dem Knoblauch-Chili-Öl in die Pfanne geben und alles gut vermengen. Mit Salz und Pfeffer abschmecken und sofort servieren.

PENNE

ALL'ARRABBIATA

FÜR 4 PORTIONEN

- 400 g Penne
- Salz
- 300 g Erbsen (TK)
- 1 Knoblauchzehe
- 30 g Tomatenmark
- 2 Tl Kapern
- 2 El Olivenöl
- Pfeffer
- 1 Prise Zucker
- 1 rote Chilischote
- ½ Bund Petersilie
- 80 g schwarze Oliven
  ohne Stein
- 40 g Parmesan

PRO PORTION
ca. 590 kcal/2470 kJ
19 g E, 17 g F, 88 g KH

ZUBEREITUNGSZEIT: ca. 20 Minuten (plus Kochzeit)

1| Penne in Salzwasser bissfest garen. 4 Minuten vor Ende der Garzeit die Erbsen zu den Nudeln geben.

2| Inzwischen die Knoblauchzehe schälen und hacken. Zusammen mit Tomatenmark, Kapern und Olivenöl pürieren, mit Salz, Pfeffer und Zucker würzen.

3| Die Chilischote putzen, entkernen, waschen und fein hacken. Unter das Püree rühren. Die Petersilie waschen, trocken schütteln und die Blättchen hacken.

4| Die Nudeln und Erbsen abgießen und sofort mit der Chilisauce, den schwarzen Oliven und der Petersilie mischen. Den Parmesan darüberhobeln.

Gemüse-Rösti

MIT JOGHURTDIP

FÜR 6-8 STÜCK

- 4 Kartoffeln
- 2 Möhren
- 1 Zucchini
- 2 Zwiebeln
- 50 g Knollensellerie
- Salz
- Pfeffer
- 1 Tl Thymianblättchen
- 3 El Butterschmalz

FÜR DEN JOGHURTDIP

- 1 Zwiebel
- 1 Knoblauchzehe
- 250 g Joghurt
- 4 El Crème fraîche
- Salz
- Pfeffer

PRO STÜCK
ca. 130 kcal/544 kJ
4 g E, 3 g F, 19 g KH

ZUBEREITUNGSZEIT: ca. 30 Minuten

1| Die Kartoffeln und Möhren schälen, die Zucchini waschen und putzen, Zwiebeln und Knollensellerie schälen. Das Gemüse reiben und mit Salz, Pfeffer und Thymianblättchen würzen.

2| Aus der Masse 6-8 Rösti formen und in heißem Butterschmalz knusprig goldbraun braten.

3| Für den Dip die Zwiebel und die Knoblauchzehe schälen und hacken. Mit Joghurt, Crème fraîche, Salz und Pfeffer mischen und zu den Rösti servieren.

KARTOFFELSALAT

MIT SPECK

FÜR 4 PORTIONEN

- 750 g Kartoffeln
- Salz
- 1 Zwiebel
- 5 El Essig
- 1 Tl Zucker
- 75 g Schinkenspeck
- 3 El Öl
- Pfeffer
- Petersilie zum Garnieren

PRO PORTION
ca. 207 kcal/869 kJ
7 g E, 5 g F, 30 g KH

ZUBEREITUNGSZEIT: ca. 20 Minuten (plus Garzeit)

1| Die Kartoffeln in der Schale in leicht gesalzenem Wasser etwa 25 Minuten garen. Dann abgießen und ausdampfen lassen. Die Zwiebel schälen und in kleine Würfel schneiden. Mit Essig und Zucker in eine Schüssel geben und ziehen lassen.

2| Den Speck fein würfeln. Das Öl in einer Pfanne erhitzen und den Speck darin knusprig braten.

3| Die Kartoffeln pellen, in Scheiben schneiden und zu den Zwiebelwürfeln geben. Mit Salz und Pfeffer abschmecken. Den heißen Speck mit dem Bratfett über den Kartoffelsalat gießen und untermengen. Mit Petersilie garniert servieren. Schmeckt warm und kalt.

Kartoffelgratin

— MIT GRUYÈRE —

FÜR 4 PORTIONEN

- 1 kg Kartoffeln
- 1 Knoblauchzehe
- Salz
- Pfeffer
- frisch geriebener Muskat
- 100 g frisch geriebener Gruyère
- 250 ml Sahne
- 1 Ei
- 125 ml Milch

PRO PORTION
ca. 505 kcal/2121 kJ
16 g E, 30 g F, 41 g KH

ZUBEREITUNGSZEIT: ca. 20 Minuten (plus Backzeit)

1| Die Kartoffeln schälen, waschen und in dünne Scheiben schneiden. Die Knoblauchzehe schälen und eine Auflaufform damit ausreiben. Den Backofen auf 240 °C vorheizen.

2| Einige Kartoffelscheiben auf dem Boden der Form verteilen. Mit Salz, Pfeffer und Muskat würzen. Etwas geriebenen Käse darüberstreuen.

3| Erneut Kartoffelscheiben darübergeben, würzen und Käse daraufstreuen. So weiterverfahren, bis alles aufgebraucht ist.

4| Die Sahne mit dem Ei und der Milch verquirlen, mit Salz, Pfeffer und Muskat würzen und über das Gratin geben. Im Ofen etwa 40 Minuten backen.

DER FAMILIENVATER

GESUNDE UND GELIEBTE FAMILIENREZEPTE

Caponata

— SIZILIANISCHES GEMÜSE —

FÜR 4 PORTIONEN

ZUBEREITUNGSZEIT: ca. 25 Minuten (plus Garzeit)

· 2 Gemüsezwiebeln
· 2 rote Zwiebeln
· 6 Tomaten
· je 2 rote und gelbe Paprikaschoten
· 4 Zucchini
· 2 Auberginen
· 6 El Olivenöl
· 2 El Honig
· 2 El Aceto balsamico
· Salz
· Pfeffer

PRO PORTION
ca. 234 kcal/980 kJ
6 g E, 11 g F, 25 g KH

1| Die Zwiebeln schälen und in Ringe schneiden. Die Tomaten kreuzweise einritzen und den Stielansatz entfernen. Anschließend mit kochendem Wasser überbrühen, häuten, entkernen und das Fruchtfleisch in Stücke schneiden.

2| Das übrige Gemüse putzen, waschen und je nach Belieben in Scheiben bzw. Streifen schneiden. Zunächst die Zwiebeln in heißem Olivenöl anbraten. Dann Paprika, Zucchini, Auberginen und Tomaten im Abstand von jeweils 1-2 Minuten in genannter Reihenfolge hinzugeben. Hitze reduzieren und 5-10 Minuten garen.

3| Honig und Aceto balsamico hinzugeben. Mit Salz und Pfeffer abschmecken. Dazu passt warmes Ciabatta.

GULASCH

MIT SPECK

FÜR 4 PORTIONEN

· 1 kg Rindergulasch
· 100 g Speck
· 3 kleine Zwiebeln
· 375 ml Fleischbrühe
· Salz
· Pfeffer
· ½ Tl Kümmel
· 1 Msp. Paprikapulver
· 250 g saure Sahne
· 1 El Mehl

PRO PORTION
ca. 660 kcal/2720 kJ
53 g E, 47 g F, 6 g KH

ZUBEREITUNGSZEIT: ca. 20 Minuten (plus Kochzeit)

1| Das Fleisch waschen und trocken tupfen. Den Speck fein würfeln, die Zwiebeln schälen und ebenfalls fein würfeln. Die Brühe aufkochen.

2| Den Speck in einem heißen Topf auslassen. Zwiebeln und Fleisch zugeben und unter ständigem Rühren kräftig anbraten. Salz, Pfeffer, Kümmel und Paprikapulver dazugeben. Die kochende Brühe dazugießen und aufkochen lassen. Bei geschlossenem Deckel ca. 1 Stunde auf niedriger Stufe köcheln lassen.

3| Die Sahne und das Mehl verrühren und die Sauce damit binden. Zu dem Gulasch passen Nudeln, Spätzle, aber auch Kartoffeln oder Semmelknödel.

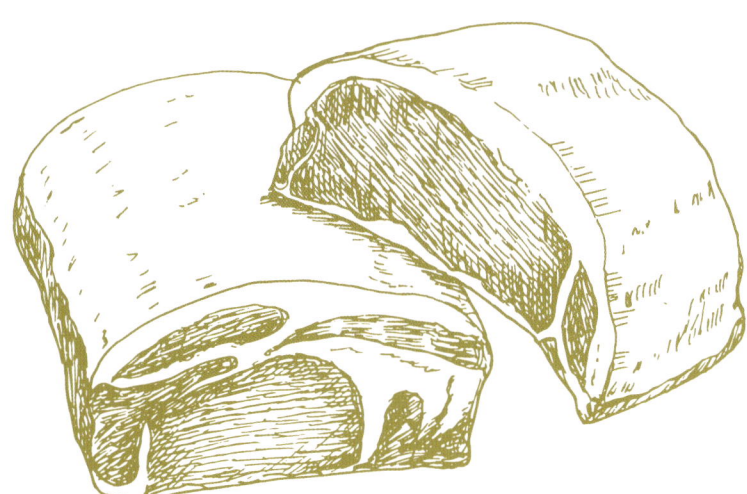

WIENER SCHNITZEL

MIT SARDELLEN UND KAPERN

FÜR 4 PORTIONEN

ZUBEREITUNGSZEIT: ca. 20 Minuten (plus Bratzeit)

- 8 Kalbsschnitzel (à ca. 100 g)
- Salz
- Pfeffer
- 100 g Mehl
- 3 Eier
- 1 El Milch
- 100 g Paniermehl
- 70 ml Öl
- 1 unbehandelte Zitrone
- 8 Sardellenfilets
- 16 Kapern

PRO PORTION
ca. 695 kcal/2919 kJ
58 g E, 33 g F, 40 g KH

1| Die Kalbsschnitzel waschen, trocknen, sehr flach klopfen, mit Salz und Pfeffer würzen. Mehl auf einen Teller geben. Auf einem zweiten Teller die Eier mit der Milch verquirlen. Das Paniermehl auf einen dritten Teller geben.

2| Die Kalbsschnitzel der Reihe nach zuerst in Mehl wenden, dann in den Eiern und zuletzt im Paniermehl wälzen, bis es gut am Fleisch haftet.

3| Das Öl in einer Pfanne erhitzen und nacheinander die Schnitzel darin von beiden Seiten je 3 Minuten braten. Aus der Pfanne nehmen und auf Küchenpapier abtropfen lassen. Zitrone heiß abwaschen, trocknen und in Scheiben schneiden.

4| Die Wiener Schnitzel mit Zitronenscheiben, Sardellen und Kapern garniert servieren. Dazu passt der Kartoffelsalat von Seite 27.

Spaghetti Bolognese

— MIT PARMESAN —

FÜR 4 PORTIONEN

- 1 Zwiebel
- 1 Knoblauchzehe
- 75 g durchwachsener Speck
- 1 Möhre
- ½ Stange Staudensellerie
- 2 El Olivenöl
- 400 g gemischtes Hackfleisch
- 100 ml Brühe
- Salz
- Pfeffer
- 100 ml Milch
- 1 Tl frisch gehackter Oregano
- 1 El Zucker
- 400 g gehackte Tomaten
  aus der Dose
- 400 g Spaghetti
- 50 g frisch geriebener Parmesan
- Thymian zum Garnieren

PRO PORTION
ca. 733 kcal/3079 kJ
41 g E, 28 g F, 76 g KH

ZUBEREITUNGSZEIT: ca. 30 Minuten (plus Schmor- und Kochzeit)

1| Zwiebel und Knoblauch schälen und hacken. Den Speck würfeln. Die Möhre schälen, Staudensellerie waschen, putzen und beides würfeln. Speck im heißen Öl auslassen. Erst das Gemüse, dann das Hackfleisch zugeben und unter Rühren gut anbraten.

2| Brühe angießen und die Mischung köcheln lassen, bis die Flüssigkeit verkocht ist. Mit Salz und Pfeffer würzen. Milch unterrühren und die Sauce sämig einkochen. Oregano, Zucker und Tomaten einrühren und die Sauce etwa 30 Minuten bei geringer Temperatur sanft kochen lassen.

3| Die Spaghetti nach Packungsanweisung bissfest garen. Abgießen und abtropfen lassen. Auf Teller geben, die Sauce darüber verteilen, mit Parmesan bestreuen und mit Thymian garniert servieren.

TIPP
Noch aromatischer wird die Sauce, wenn nach dem Anbraten mit einem Glas Rotwein abgelöscht wird und die Sauce etwas länger, gerne 1 Stunde, köchelt.

Spaghetti Sojanese

— VEGAN —

FÜR 4 PORTIONEN

FÜR DIE SOJA-SCHNETZEL
- 450 ml Gemüsebrühe
- 150 g feine Soja-Schnetzel
- 1 El Sojasauce
- 2 El Tomatenmark
- 1 Tl Hefeextrakt

FÜR DIE SAUCE
- 1 Zwiebel
- 2 Knoblauchzehen
- 1 Stange Staudensellerie
- 1 Möhre
- 2 El Bratöl
- 1 El Olivenöl
- 400 g Tomaten aus der Dose
- 1 Lorbeerblatt
- 1 Zweig Rosmarin
- je 1 Tl frisch gehackter Oregano und Thymian
- 1 El Tomatenmark
- Salz
- Pfeffer

AUSSERDEM
- 500 g Spaghetti

PRO PORTION
ca. 655 kcal/2749 kJ
33 g E, 12 g F, 102 g KH

ZUBEREITUNGSZEIT: ca. 35 Minuten (plus Quell-, Zieh- und Kochzeit)

1| Die Gemüsebrühe mit den Soja-Schnetzeln in einen Topf geben und unter Rühren aufkochen lassen. Den Topf vom Herd nehmen und die Schnetzel ca. 10 Minuten quellen lassen. Dann in ein Sieb abgießen. Die Schnetzel zurück in den Topf geben und die Sojasauce, das Tomatenmark und den Hefeextrakt unterrühren. Mit so viel Wasser auffüllen, dass die Soja-Schnetzel nicht vollständig bedeckt sind. Alles einmal aufkochen und wieder vom Herd nehmen. Ca. 30 Minuten ziehen lassen, dann in ein Sieb gießen und behutsam ausdrücken.

2| Für die Sauce die Zwiebel und die Knoblauchzehen schälen und hacken. Staudensellerie waschen, trocknen, putzen und in dünne Scheiben schneiden. Die Möhre putzen, schälen und fein würfeln.

3| Das Bratöl in einer Pfanne stark erhitzen und die Soja-Schnetzel ca. 8 Minuten darin rundherum goldbraun anbraten. Vom Herd nehmen. Das Olivenöl in einem Topf erhitzen. Die Zwiebelwürfel darin andünsten. Dann den Knoblauch und das Gemüse hinzugeben und ca. 8 Minuten bei mittlerer Hitze weiterdünsten.

4| Die Soja-Schnetzel zum Gemüse geben. Die Tomaten hinzugießen und die Kräuter mit dem Tomatenmark unterrühren. Alles bei mittlerer Hitze etwa 15 Minuten kochen lassen. Mit Salz und Pfeffer würzig abschmecken und Rosmarinzweig mit Lorbeerblatt entfernen. Die Spaghetti nach Packungsanweisung gar kochen und mit der Sauce auf Tellern anrichten.

PANIERTES SEELACHSFILET

MIT KARTOFFEL-GURKEN-SALAT

FÜR 4 PORTIONEN

- 4 Seelachsfilets
- Salz
- Pfeffer
- Zitronensaft
- 1 Ei
- 6 El Mehl
- 50 g Paniermehl
- Fett zum Frittieren

FÜR DEN KARTOFFEL-GURKEN-SALAT

- 750 g Kartoffeln
- Salz
- 1 Salatgurke
- Pfeffer
- 5 El Weißweinessig
- 5 El Öl
- 2 El frisch gehackter Dill

PRO PORTION
ca. 435 kcal/1827 kJ
40 g E, 10 g F, 43 g KH

ZUBEREITUNGSZEIT: ca. 30 Minuten (plus Garzeit und Zeit zum Durchziehen)

1| Die Fischfilets waschen, trocken tupfen und mit Salz, Pfeffer und Zitronensaft einreiben. Das Ei verquirlen, Ei, Mehl und Paniermehl jeweils auf einen Teller geben. Die Fischfilets nacheinander in Mehl, Ei und Paniermehl wenden.

2| Reichlich Fett in einer großen Pfanne erhitzen und die Fischfilets darin von beiden Seiten etwa 3 Minuten braten. Herausnehmen und auf Küchenpapier abtropfen lassen.

3| Für den Kartoffelsalat die Kartoffeln in wenig gesalzenem Wasser etwa 25 Minuten garen. Die Gurke schälen, in dünne Scheiben hobeln und mit Salz bestreut etwas ziehen lassen.

4| Die Kartoffeln abgießen, abkühlen lassen, dann pellen und in Scheiben schneiden. In einer Schüssel mit Salz, Pfeffer, Essig und Öl mischen.

5| Die Flüssigkeit der Gurke abgießen. Die Gurke mit Salz und Pfeffer würzen und unter den Kartoffelsalat heben. Dill darüberstreuen und den Salat 20 Minuten durchziehen lassen. Die Fischfilets mit dem Salat servieren.

Hähnchenkeulen

MIT OLIVEN

FÜR 4 PORTIONEN

ZUBEREITUNGSZEIT: ca. 15 Minuten (plus Brat- und Schmorzeit)

- 4 Hähnchenkeulen
- 80 g schwarze Oliven ohne Stein
- Salz
- Pfeffer
- 4 El Olivenöl
- 1 kg Tomaten
- 2 Zwiebeln
- ½ Bund Basilikum
- 2 Knoblauchzehen
- 150 ml Rotwein
- 3 El Tomatenmark
- 1 El Honig

PRO PORTION
ca. 462 kcal/1940 kJ
31 g E, 29 g F, 11 g KH

1| Die Hähnchenkeulen waschen, trocken tupfen und die Haut leicht ablösen. 40 g Oliven in Scheiben schneiden, unter die Haut stecken und die Keulen mit Salz und Pfeffer würzen.

2| 2 Esslöffel Olivenöl in einem Bräter erhitzen und die Keulen darin kräftig anbraten, dann herausnehmen. Den Ofen auf 200°C vorheizen. Die Tomaten waschen, trocknen, Stielansätze entfernen und Fruchtfleisch in Scheiben schneiden. Die Zwiebeln schälen und in Ringe schneiden.

3| Tomaten und Zwiebeln in den Bräter geben, mit Salz und Pfeffer würzen. Basilikum waschen, trocken schütteln und die Blättchen in Streifen schneiden. Über der Zwiebel-Tomaten-Mischung verteilen und das restliche Olivenöl darüberträufeln. Die Hähnchenkeulen drauflegen und die restlichen Oliven darauf verteilen.

4| Im Ofen etwa 45 Minuten schmoren. Knoblauchzehen schälen und zerdrücken, mit Rotwein, Tomatenmark und Honig verrühren und nach 25 Minuten Garzeit über die Keulen gießen.

CHICKEN WINGS

MIT KÄSEDIP

FÜR 4 PORTIONEN

- 1 kg Hähnchenflügel
- 3 El Butter
- 1 Tl Paprikapulver
- je 1 El Tabasco und Zitronensaft

FÜR DEN KÄSEDIP
- 1 Knoblauchzehe
- 100 g Blauschimmelkäse
- 50 g Crème fraîche
- 50 g Mayonnaise
- 150 g Naturjoghurt
- 1 El Zitronensaft
- Pfeffer
- 1 Prise Zucker

PRO PORTION
ca. 828 kcal/3475 kJ
49 g E, 69 g F, 4 g KH

ZUBEREITUNGSZEIT: ca. 20 Minuten (plus Zieh- und Grillzeit)

1| Die Hähnchenflügel waschen, trocken tupfen und am Gelenk durch-schneiden. Für die Marinade die Butter schmelzen und mit Paprikapulver, Tabasco und Zitronensaft mischen.

2| Alles in einer Schüssel mit den Hähnchenflügeln mischen und mindestens 1 Stunde ziehen lassen. Dann die Chicken Wings auf den Grill legen und unter gelegentlichem Wenden schön knusprig grillen; das dauert ungefähr 20 Minuten.

3| Für den Dip den Knoblauch schälen und fein hacken. Den Käse mit einer Gabel zerdrücken und mit den restlichen Zutaten verrühren. Mit Pfeffer und Zucker abschmecken. Die Hähnchenflügel mit dem Dip servieren.

Pizza Verdura

FÜR 4 PORTIONEN

- 400 g Mehl
- 42 g Hefe
- Zucker
- 4 El Olivenöl
- Salz
- 1 gelbe Paprikaschote
- 1 rote Paprikaschote
- 2 Zwiebeln
- 4 Fleischtomaten
- 1 Zucchini
- 4 Artischockenherzen aus dem Glas
- 75 g schwarze Oliven
- Pfeffer
- 1 Tl gerebelter Thymian
- 1 Tl gerebelter Oregano
- 200 g Mozzarella

PRO PORTION
ca. 736 kcal/3076 kJ
25 g E, 29 g F, 90 g KH

ZUBEREITUNGSZEIT: ca. 20 Minuten (plus Zeit zum Gehen und Backen)

1| Für den Hefeteig das Mehl in eine große Rührschüssel sieben und in die Mitte eine Mulde hineindrücken. Die Hefe in die Mulde bröckeln, ½ Teelöffel Zucker dazugeben und mit etwas lauwarmem Wasser und etwas Mehl vom Rand zu einem dicken Brei verrühren. Etwas Mehl darüberstäuben und den Vorteig ca. 20 Minuten zugedeckt an einem warmen Ort gehen lassen, bis sich Risse bilden.

2| 3 Esslöffel Olivenöl und 1 Teelöffel Salz hinzugeben. Dann nach und nach ca. 125 ml lauwarmes Wasser zugießen und alles mit den Knethaken des Handrührgeräts verkneten. Den Teig ca. 10 Minuten auf einer bemehlten Arbeitsfläche mit den Händen weiterkneten, bis er nicht mehr klebt. Für die richtige Konsistenz gegebenenfalls noch etwas lauwarmes Wasser oder Mehl zugeben.

3| Den Teig zu einer Kugel formen und wieder in die Schüssel geben. Mit einem Küchentuch bedeckt an einem warmen Ort ca. 60 Minuten gehen lassen, bis er sich verdoppelt hat. Den Teig auf einem mit Backpapier ausgelegten Backblech ausrollen, einen Rand formen und den Teig mit 1 Esslöffel Olivenöl beträufeln.

4| Die Paprikaschoten putzen, waschen, entkernen und in Streifen schneiden. Die Zwiebeln schälen und in Ringe schneiden. Die Tomaten waschen, den Stielansatz entfernen und die Tomaten in Scheiben schneiden. Die Zucchini ebenfalls putzen, waschen und in Scheiben schneiden. Die Artischocken-herzen abtropfen lassen und halbieren. Den Backofen auf 220 °C vorheizen.

5| Das Gemüse mit den Oliven auf dem Teig verteilen. Mit Salz und Pfeffer würzen und mit Thymian und Oregano bestreuen. Den Mozzarella in Scheiben schneiden und ebenfalls darübergeben. Im Ofen etwa 30 Minuten backen.

KÄSEMAKKARONI

MIT GERÖSTETEN SONNENBLUMENKERNEN

FÜR 4 PORTIONEN

- 60 g Sonnenblumenkerne
- 300 g kurze Makkaroni
- 100 g Möhre
- 1 kleine Zwiebel
- 2 Knoblauchzehen
- 2 El Olivenöl
- 200 ml Gemüsebrühe
- 150 ml Sahne
- ½ El Maisstärke
- 80 g Parmesan
- 80 g Emmentaler
- 2 El Semmelbrösel
- frisch geriebene Muskatnuss
- Salz
- Pfeffer

PRO PORTION
ca. 686 kcal/2872 kJ
27 g E, 35 g F, 66 g KH

ZUBEREITUNGSZEIT: ca. 45 Minuten

1| Die Sonnenblumenkerne in einer Pfanne ohne Fett etwas anrösten. Die Makkaroni in kochendem Salzwasser bissfest garen und in ein Sieb abgießen.

2| In der Zwischenzeit die Möhre schälen und fein raspeln. Die Zwiebel und die Knoblauchzehen schälen. Die Zwiebel halbieren und fein würfeln. Den Knoblauch fein hacken.

3| Das Olivenöl in einer großen Pfanne erhitzen und die Zwiebelwürfel und den gehackten Knoblauch darin glasig andünsten. Mit der Gemüsebrühe ablöschen, die geraspelten Möhren zugeben und etwa 5 Minuten köcheln lassen.

4| Den Ofen auf 220 °C vorheizen. Die Sahne zur Brühe gießen und die Sauce aufkochen. Die Maisstärke mit 2 Esslöffeln Wasser glatt rühren und in die kochende Sahnesauce rühren. Nochmals aufkochen und mit Salz, Pfeffer und Muskatnuss abschmecken.

5| Den Parmesan reiben. Die Nudeln und die gerösteten Sonnenblumenkerne zugeben, den Parmesan darüberstreuen und mit der Sauce vermengen. Alles in eine Auflaufform geben. Den Emmentaler reiben, mit den Semmelbröseln mischen und über den Auflauf streuen. Etwa 8 Minuten im vorgeheizten Ofen überbacken.

DER DRAUFGÄNGER

FLEISCH IST MEIN GEMÜSE

Filetsteaks
MIT ROTWEINSAUCE

FÜR 4 PORTIONEN

ZUBEREITUNGSZEIT: ca. 1 Stunde

FÜR DIE SAUCENGRUNDLAGE
- 1 Zweig Rosmarin
- 2 Zweige Thymian
- 1 Knoblauchzehe
- 3 Pfefferkörner
- 250 ml kräftiger Rinderfond
- 2 Tl Kartoffelstärke
- 40 ml Sherry, Madeira oder Portwein
- Salz
- Pfeffer

FÜR DAS FLEISCH
- 4 Rinderfiletsteaks (à ca. 180 g)
- Salz
- grober Pfeffer
- 2 El Olivenöl
- 30 g Butter

FÜR DIE ROTWEINSAUCE
- 150 ml Rotwein
- 150 ml Saucengrundlage
- Salz
- Pfeffer
- 30 g eiskalte Butter

PRO PORTION
ca. 447 kcal/1875 kJ
42 g E, 25 g F, 5 g KH

1| Für die Saucengrundlage die Kräuter waschen und trocken tupfen. Knoblauch schälen und hacken. Alles zusammen mit den Pfefferkörnern in einen Topf geben. Den Rinderfond dazugießen, zum Kochen bringen und ca. 5 Minuten offen kochen lassen.

2| Die Kartoffelstärke mit Sherry, Madeira oder Portwein glatt rühren und in den köchelnden Fond rühren. Weitere 5 Minuten offen köcheln lassen, dann die Mischung durch ein Sieb in einen zweiten Topf passieren. Mit Salz und Pfeffer abschmecken. 150 ml abmessen und beiseitestellen.

3| Die Filetsteaks waschen, trocken tupfen, salzen und mit Pfeffer bestreuen. Das Olivenöl in einer Pfanne erhitzen, die Butter dazugeben und die Steaks von jeder Seite ca. 3 Minuten kräftig braten. In Alufolie wickeln und etwa 8 Minuten ruhen lassen.

4| Für die Rotweinsauce den Bratensatz mit Rotwein ablöschen. Bei starker Hitze aufkochen, 150 ml der Saucengrundlage dazugießen und alles etwa 5 Minuten offen einkochen lassen. Mit Salz und Pfeffer abschmecken. Den Topf vom Herd nehmen und die eiskalte Butter in Flöckchen mit einem Schneebesen einrühren. Die Steaks mit der Sauce servieren. Dazu passen Pommes frites und grüne Bohnen.

RIB-EYE-STEAKS

MIT KARTOFFELWÜRFELN

FÜR 4 PORTIONEN

ZUBEREITUNGSZEIT: ca. 30 Minuten (plus Marinier- und Backzeit)

FÜR DAS FLEISCH
• 6 Knoblauchzehen
• 1 Bund Rosmarin
• 1 Bund Oregano
• abgeriebene Schale von
  2 unbehandelten Zitronen
• 1 Tl schwarze Pfefferkörner
• 100 ml Olivenöl
• 4 Rib-Eye-Steaks (à ca. 350 g)
• 2 El Butterschmalz
• Salz
• Pfeffer

FÜR DIE KARTOFFELWÜRFEL
• 1 kg festkochende Kartoffeln
• 1 Tl Meersalz
• 2 El Olivenöl
• Pfeffer
• 2 Zweige Rosmarin
• 5 Knoblauchzehen

FÜR DAS ZITRONENDRESSING
• Saft von 2 Zitronen
• etwas Olivenöl

PRO PORTION
ca. 796 kcal/3343 kJ
50 g E, 48 g F, 40 g KH

1| Für die Marinade den Knoblauch schälen und hacken. Rosmarin und Oregano grob zerkleinern. Knoblauch, Zitronenschale und Pfefferkörner in einen Mörser geben und zerstoßen. Die Mischung in einer Schüssel mit dem Olivenöl verrühren. Die Kräuter hinzufügen. Die Steaks waschen, trocken tupfen und die Fettränder grob entfernen. Das Fleisch in die Marinade legen und abgedeckt ca. 1 Stunde marinieren.

2| Den Backofen auf 200 °C vorheizen. Die Kartoffeln schälen, waschen und in kleine Würfel schneiden. In einen Topf geben, Meersalz hinzugeben und alles mit kaltem Wasser bedecken. Aufkochen lassen, ca. 1 Minute sprudelnd kochen lassen, dann vom Herd nehmen und in ein Sieb abgießen.

3| Die Kartoffeln in einer Schüssel mit dem Olivenöl mischen, salzen und pfeffern. Rosmarin waschen. Knoblauch in der Schale zerdrücken. Die Kartoffelwürfel auf einem mit Backpapier ausgelegten Blech verteilen. Knoblauch und Rosmarinzweige darauf verteilen und ca. 20 Minuten knusprig backen.

4| Die Steaks aus der Marinade nehmen, trocken tupfen und salzen. In zwei Pfannen im Butterschmalz von jeder Seite ca. 1 ½ Minuten scharf anbraten, dann sofort zu den Kartoffeln auf das Backblech legen, mit etwas Marinade bepinseln und für ca. 10 Minuten im Ofen rosa garen. Dazwischen noch einmal mit der Marinade bepinseln.

3| Für das Dressing Zitronensaft mit Olivenöl verrühren. Die Steaks mit den Kartoffelwürfeln anrichten, nach Belieben pfeffern und mit dem Dressing beträufeln.

HÜFTSTEAKS

MIT WALNUSS-STREUSELN

FÜR 4 PORTIONEN

ZUBEREITUNGSZEIT: ca. 30 Minuten

FÜR DIE STREUSEL
- 2 Tl Kreuzkümmel
- 1 Tl Koriandersamen
- 80 g Walnüsse
- abgeriebene Schale von 1 unbehandelten Zitrone
- 2 Zweige Rosmarin
- 2 Tl Olivenöl
- 1 Prise Meersalz

FÜR DAS FLEISCH UND DEN JUS
- 2 El Olivenöl
- 4 Hüftsteaks (à ca. 200 g)
- Salz
- Pfeffer
- 1 Rosmarinzweig
- 2 Knoblauchzehen
- 1 El Ahornsirup
- 150 ml Aceto Balsamico
- 25 g eiskalte Butter

PRO PORTION
ca. 543 kcal/2280 kJ
47 g E, 37 g F, 4 g KH

1| Für die Streusel Kreuzkümmel und Koriandersamen im Blitzhacker mahlen, dann in eine Schale geben. 1/3 der Walnüsse ebenfalls im Blitzhacker mahlen, die restlichen Walnüsse hacken. Mit der Zitronenschale zu den Gewürzen geben. Den Rosmarin waschen, trocken tupfen und fein hacken. Mit dem Olivenöl und dem Salz ebenfalls in die Schale geben. Alles mit den Händen krümelig verkneten.

2| Eine Pfanne stark erhitzen. Das Olivenöl hinzugeben. Die Hüftsteaks waschen und trocken tupfen, dann salzen und pfeffern. Jede Seite ca. 4 Minuten braten, dabei das Fleisch nur einmal wenden. Fleisch herausnehmen, sofort in Alufolie wickeln und ruhen lassen.

3| Den Rosmarinzweig waschen und trocken tupfen. Knoblauch schälen und halbieren. Den Ahornsirup in die Pfanne geben und kurz karamellisieren lassen. Rosmarin und Knoblauch hinzugeben und alles mit Aceto balsamico ablöschen. Die Mischung bei starker Hitze etwa 2 Minuten einkochen lassen, dann durch ein Sieb passieren. Die Butter in kleinen Stücken darunterrühren und den Jus mit Salz und Pfeffer abschmecken.

4| Das Fleisch aus der Folie nehmen und den Fleischsaft mit dem Balsamico-Jus verrühren. Die Steaks mit den Walnussstreuseln bestreuen und mit dem Jus servieren. Dazu passen Pommes frites und ein aromatischer Wildkräutersalat.

FILET MIGNON

MIT SCHARFEN BOHNEN

FÜR 4 PORTIONEN

FÜR DAS FLEISCH
- 3 Knoblauchzehen
- 1 Stück Ingwer (ca. 7 cm)
- 2 Stängel Zitronengras
- 7 El Sojasauce
- 2 Tl Rohrzucker
- 2 El trockener Sherry
- 8 Filets mignons (à ca. 90 g)
- Olivenöl zum Braten

FÜR DIE BOHNEN
- 600 g Buschbohnen
- Salz
- 1 rote Chilischote
- 7 Schalotten
- 1 Knoblauchzehe
- 1 Bund Koriander
- Pfeffer

PRO PORTION
ca. 357 kcal/1500 kJ
43 g E, 16 g F, 9 g KH

1| Für die Marinade Knoblauch und Ingwer schälen und fein hacken. Das Zitronengras waschen, trocknen und die äußere Blattschicht entfernen. Die Stängel längs halbieren und in ca. 5 cm lange Stücke schneiden. Alles in eine Schüssel geben und mit Sojasauce, Rohrzucker und Sherry verrühren. Das Fleisch waschen, trocken tupfen und in der Marinade abgedeckt bei Zimmertemperatur ca. 2 Stunden marinieren. Aus der Marinade nehmen und trocken tupfen. Die Marinade durch ein Sieb passieren, beiseitestellen.

2| Inzwischen die Bohnen putzen und waschen. In kochendem Salzwasser ca. 9 Minuten bissfest garen. In ein Sieb gießen, abschrecken und abtropfen lassen. Die Chilischote halbieren, entkernen, waschen und hacken. Schalotten und Knoblauch schälen und hacken. Koriander waschen und die Blättchen abzupfen.

3| Das Fleisch in ca. 3 Esslöffeln heißem Öl von jeder Seite ca. 2 Minuten stark braten. Herausnehmen, sofort in Alufolie wickeln und bis zum Servieren ruhen lassen.

4| Die Schalotten in die Pfanne geben, kurz anbraten, dann Chili und Knoblauch hinzugeben. Die Bohnen unterheben, kurz braten und mit Salz und Pfeffer abschmecken. Die Korianderblättchen unterheben.

5| Die Marinade in einem Topf erhitzen und ca. 2 Minuten einkochen lassen. Das Fleisch aus der Folie nehmen, den Fleischsaft zur Marinade geben und unterrühren. Das Fleisch mit den Bohnen und der Sauce servieren. Dazu passen Rosmarinkartoffeln aus dem Ofen.

BOEUF BOURGUIGNON

FÜR 4 PORTIONEN

FÜR DIE MARINADE
- ½ Knollensellerie
- 1 Möhre
- 1 Petersilienwurzel
- 1 Stange Lauch
- 2 Knoblauchzehen
- 1 Tl Pfefferkörner
- 2 Gewürznelken
- 6 Wacholderbeeren
- 750 ml kräftiger Rotwein aus dem Burgund
- 6 cl Cognac

FÜR DAS BŒUF BOURGUIGNON
- 1 kg Rindfleisch aus der Schulter
- Salz
- Pfeffer
- 2 El Mehl
- 3 El Butterschmalz
- 1 Zwiebel
- 2 Knoblauchzehen
- ⅛ l Portwein
- 1 Lorbeerblatt
- ½ Bund Thymian
- 1 Zweig Rosmarin
- 200 g Perlzwiebeln
- 70 g milder Speck
- 250 g Champignons
- 1 El Butter
- ½ Bund gehackte, glatte Petersilie

PRO PORTION
ca. 761 kcal/3197 kJ
57 g E, 31 g F, 16 g KH

ZUBEREITUNGSZEIT: ca. 1 Stunde (plus Marinier- und Garzeit)

1| Für die Marinade Sellerie, Möhre und Petersilienwurzel putzen und schälen. Sellerie in Würfel, Möhre und Petersilienwurzel in Scheiben schneiden. Lauch waschen, putzen und in Stücke schneiden. Knoblauch schälen und in Stifte schneiden. Das Gemüse mit den Gewürzen in eine Schüssel geben. Rotwein und Cognac unterrühren. Das Fleisch waschen, trocken tupfen, parieren und in große Würfel schneiden. In die Marinade geben und abgedeckt im Kühlschrank über Nacht marinieren lassen. Alles in ein Sieb abgießen, die Marinade dabei auffangen. Das Fleisch herausnehmen und trocken tupfen. Die Hälfte des Gemüses beiseitestellen, Gewürze entfernen.

2| Das Fleisch waschen, trocken tupfen, parieren und in große Würfel schneiden. In die Marinade geben und abgedeckt im Kühlschrank über Nacht marinieren lassen. Alles in ein Sieb abgießen, die Marinade dabei auffangen. Das Fleisch herausnehmen und trocken tupfen. Die Hälfte des Gemüses beiseitestellen, Gewürze entfernen.

3| Den Backofen auf 150 °C vorheizen. Das Fleisch mit Salz und Pfeffer würzen, mit Mehl bestäuben. Im Butterschmalz kräftig anbraten. Herausnehmen und beiseitestellen. Zwiebel und Knoblauch schälen und hacken. Die Zwiebel im Bratfett unter Rühren andünsten. Knoblauch dazugeben und mit Portwein ablöschen. Einkochen lassen, dann die Hälfte der Marinade angießen und ebenfalls einkochen lassen. Die restliche Marinade dazugießen und aufkochen. Fleisch, Gemüse und Lorbeerblatt hinzugeben. Alles bei geschlossenem Deckel im Ofen ca. 2 ½ Stunden schmoren. Nach 1 Stunde Garzeit Thymian und Rosmarin zugeben. Die Perlzwiebeln ca. 15 Minuten in warmes Wasser legen, schälen und ca. 30 Minuten vor Garzeitende zum Fleisch geben.

4| Den Speck in dünne Scheiben schneiden und in einer Pfanne ohne Fett bei milder Hitze knusprig braten. Champignons putzen und halbieren oder vierteln. Die Butter in einer zweiten Pfanne zerlassen, die Champignons darin ca. 8 Minuten braten. Salzen und pfeffern. Das Bœuf Bourguignon mit den gebratenen Champignons und dem Speck anrichten. Mit Petersilie garniert servieren. Dazu passt kräftiges Bauernbrot.

T-Bone-Steaks
— MIT BULGURSALAT —

FÜR 4 PORTIONEN

FÜR DEN BULGURSALAT
- 150 g Bulgur
- Salz
- 250 g Kirschtomaten
- 75 g schwarze Oliven ohne Stein
- 1 rote Zwiebel
- 1 Bund glatte Petersilie
- 2 El frisch gepresster Zitronensaft
- 125 ml Olivenöl
- Pfeffer

FÜR DAS FLEISCH
- 1 Bund Basilikum
- 1 Bund Oregano
- 3 Zweige Rosmarin
- 150 ml Olivenöl
- 4 Knoblauchzehen
- 4 T-Bone-Steaks (à ca. 500 g)
- Salz
- Pfeffer

PRO PORTION
ca. 1135 kcal/4765 kJ
61 g E, 86 g F, 31 g KH

ZUBEREITUNGSZEIT: ca. 40 Minuten (plus Zeit zum Ziehen)

1| Den Bulgur in einem Sieb mit klarem Wasser abspülen, in eine Schüssel geben und knapp mit kochendem, leicht gesalzenem Wasser bedecken. Beiseitestellen, bis der Bulgur das Wasser aufgesogen hat und abgekühlt ist.

2| Die Tomaten waschen, trocknen, putzen und halbieren. Die Oliven halbieren. Die Zwiebel schälen und fein hacken. Die Petersilie waschen, trocken schütteln und die Blättchen ebenfalls fein hacken. Alle Zutaten mitsamt dem Zitronensaft und dem Olivenöl unter den Bulgur heben. Mit Salz und Pfeffer abschmecken, dann alles abgedeckt bei Zimmertemperatur ca. 30 Minuten ziehen lassen.

3| Den Backofen auf 175 °C vorheizen. Für die Steaks die Kräuter waschen und trocken schütteln. Die Blättchen und Nadeln abzupfen und mit 125 ml Olivenöl pürieren. Knoblauch schälen, hacken und unter die Kräutermischung rühren.

4| Die Steaks salzen und mit dem restlichen Olivenöl einreiben. Eine Grillpfanne erhitzen. Die Steaks von jeder Seite ca. 2 Minuten grillen. Sobald die Steaks gewendet sind, die Oberseiten mit dem Kräuteröl bestreichen. Die Steaks aus der Pfanne nehmen und auf ein mit Backpapier ausgelegtes Blech legen, dabei wenden. Das Kräuteröl auf den Steaks verteilen, pfeffern und die Steaks auf der mittleren Schiene ca. 7 Minuten fertig garen. Dann herausnehmen, in Alufolie wickeln und ca. 5 Minuten ruhen lassen.

5| Den Bulgursalat nochmals durchmischen und abschmecken. Die Steaks mit dem Sud, der sich in der Alufolie gebildet hat, und dem Bulgursalat servieren.

LAMMKOTELETTS

MIT
MEERRETTICHPESTO-KRUSTE

FÜR 4 PORTIONEN

ZUBEREITUNGSZEIT: ca. 45 Minuten

FÜR DAS MEERRETTICHBLÄTTER-PESTO (2 MITTELGROSSE GLÄSER)
- 15 mittelgroße Meerrettichblätter
- 1 Stück Meerrettichwurzel (3 cm)
- 100 ml kaltgepresstes geschmacks-neutrales Öl, zzgl. etwas zum Bedecken des Pestos
- 100 g gemahlene Mandeln
- 150 g Parmesan am Stück

FÜR DIE MEERRETTICHPESTO-KRUSTE
- 2 rote Zwiebeln
- 2 Knoblauchzehen
- ½ Bund Koriander
- 3 El Meerrettichblätterpesto
- 100 g Butterschmalz
- 1 El Dijonsenf
- 100 ml Rotwein
- 2 El Semmelbrösel
- 1 Prise Zucker
- Salz
- Pfeffer

FÜR DAS LAMMKOTELETT
- 8 Lammkoteletts
- Salz
- Pfeffer

PRO PORTION
ca. 753 kcal/3152 kJ
41 g E, 62 g F, 6 g KH

1| Für das Meerrettichblätterpesto die Meerrettichblätter waschen und portionsweise auf einem feuchten Brett oder in einer Küchenmaschine sehr fein hacken, um die Blattfasern gut zu zerkleinern. Die Meerrettichwurzel schälen und fein pürieren. Mit den Blättern in eine Schüssel oder eine Küchenmaschine füllen und das Öl unter Rühren nach und nach zugeben. Es sollte eine geschmeidige Paste entstehen. Die Mandeln zufügen und den Parmesan in die Mischung reiben. Das Pesto in saubere Schraubdeckelgläser füllen und mit Öl bedecken – so hält es sich kühl gelagert für mehrere Monate.

2| Die Zwiebeln und den Knoblauch schälen und in Ringe schneiden, die Zwiebelringe etwas dicker lassen. Den Koriander putzen, waschen und hacken. 50 g Butterschmalz in einer Pfanne erhitzen und die Zwiebeln darin bei kleiner Flamme andünsten. Knoblauch, Senf, Koriander und Meerrettichblätterpesto zugeben und kurz mitdünsten lassen. Mit dem Wein ablöschen und alles einmal aufkochen lassen, sodass sich die Flüssigkeit etwas reduziert.

3| Die Pfanne vom Herd nehmen und die heiße Masse zusammen mit den Semmelbröseln und dem Zucker in einer Schale verrühren. Wenn nötig, noch salzen und pfeffern. Den Backofengrill auf der höchsten Stufe vorheizen. In der Zwischenzeit die Pfanne auswischen und das restliche Butterschmalz darin erhitzen.

4| Die Lammkoteletts abwaschen und gut trocken tupfen. Von beiden Seiten gut würzen und dann in dem heißen Butterschmalz von jeder Seite 3-4 Minuten braten. Auf eine feuerfeste Platte legen und das Meerrettichpesto auf den Lammkoteletts verteilen. In dem vorgeheizten Grill auf mittlerer Schiene für ca. 4 Minuten goldbraun überbacken lassen. Dazu passen knusprige Bratkartoffeln und ein knackiger Salat.

Lammhaxen

— MIT SCHMORGEMÜSE —

FÜR 4 PORTIONEN

- 1 Knoblauchknolle
- 5 Zweige Rosmarin
- 6 Stängel Oregano
- 3 Zweige Thymian
- 10 Salbeiblätter
- 1 Tl abgeriebene Schale von 1 unbehandelten Zitrone
- 125 g weiche Butter
- Salz
- Pfeffer
- 4 Lammhaxen
- 2 Möhren
- 1 rote Zwiebel
- 1 Stange Lauch
- 4 El Olivenöl
- 250 ml Weißwein

PRO PORTION
ca. 603 kcal/2531 kJ
39 g E, 43 g F, 6 g KH

ZUBEREITUNGSZEIT: ca. 40 Minuten (plus Schmorzeit)

1| Für die Kräuterbutter den Knoblauch in Zehen zerteilen, 2 Zehen schälen und hacken. Die Kräuter waschen und trocken tupfen. Von 1 Rosmarinzweig, 2 Stängeln Oregano und dem Thymian die Nadeln bzw. Blättchen abzupfen, die restlichen Kräuter beiseitelegen. Die Nadeln bzw. Blättchen der Kräuter, 5 Salbeiblätter und die Zitronenschale fein hacken. Alles mit der weichen Butter vermengen. Salzen und pfeffern.

2| Den Ofen auf 200 °C vorheizen. Das Fleisch waschen und trocken tupfen. Das Fleisch der Haxen direkt am Knochen rundum etwas einschneiden, sodass ein Spalt zwischen Fleisch und Knochen entsteht. Die Kräuterbutter darin verteilen.

3| Für das Gemüse die Möhren putzen, schälen und in Scheiben schneiden. Die Zwiebel schälen und in feine Ringe schneiden. Den Lauch waschen, putzen und in Ringe schneiden. Das Gemüse in einer Schüssel mischen, salzen und pfeffern.

4| Vier ausreichend große Alufolienstücke abschneiden und diese einmal falten. Das Gemüse jeweils mittig darauf platzieren. Die restlichen Knoblauchzehen in der Schale andrücken und auf dem Gemüse verteilen. Die Haxen salzen, pfeffern und mit Olivenöl bestreichen. Die restlichen Kräuter darauflegen und die Haxen auf das Gemüse setzen.

5| Die Alufolie an allen Seiten hochklappen, den Weißwein hineingießen. Die Alufolie oben um die Knochen herum festdrücken. Die Haxen auf der mittleren Schiene ca. 2 ½ Stunden im Ofen weich schmoren. Mit dem Gemüse und dem entstandenen Bratsud servieren. Dazu passen Rosmarinkartoffeln.

WILDHASE

MIT SCHWARZWURZELN

FÜR 4 PORTIONEN

ZUBEREITUNGSZEIT: ca. 1 Stunde

FÜR DIE SAUCE

- 150 g Schalotten
- 3 Zweige Thymian
- 2 El Butterschmalz
- 150 ml Rotwein
- 150 ml Wildfond
- 3 El Hagebuttenmark
- Salz
- Pfeffer
- 2 El eiskalte Butter
- 100 g dunkle Trauben ohne Kerne

FÜR DIE SCHWARZWURZELN

- 400 g Schwarzwurzeln
- Salz
- 2 El Zitronensaft
- 4 El Butter

FÜR DAS FLEISCH

- 2 ausgelöste Wildhasenrücken
- Salz
- Pfeffer
- 150 g milder Speck (z. B. Pancetta)
- 1 Bund Thymian
- 4 El Butterschmalz
- 4 Wacholderbeeren

PRO PORTION

ca. 805 kcal/3379 kJ
40 g E, 64 g F, 12 g KH

1| Für die Sauce die Schalotten schälen und hacken. Den Thymian waschen, trocken tupfen, die Blättchen abzupfen und hacken. Das Butterschmalz erhitzen und die Schalotten darin unter Rühren ca. 5 Minuten anschwitzen. Den Thymian dazugeben. Dann alles mit Rotwein und Wildfond ablöschen. Das Hagebuttenmark unterrühren. Alles aufkochen und um etwa die Hälfte einkochen lassen.

2| Für das Gemüse die Schwarzwurzeln unter fließendem kalten Wasser schälen, schräg in Scheiben schneiden und in wenig leicht gesalzenem Zitronenwasser ca. 2 Minuten kochen. Abgießen, abschrecken und abtropfen lassen.

3| Den Backofen auf 100 °C vorheizen. Ein Backblech mit Backpapier auslegen. Das Fleisch waschen, trocken tupfen, salzen, pfeffern und mit dem Speck umwickeln. Den Thymian waschen und trocken tupfen. Das Butterschmalz in einer Pfanne erhitzen. Das Fleisch, den Thymian und die Wacholderbeeren hineinlegen. Die Hasenrücken von allen Seiten ca. 8 Minuten braten. Herausnehmen, auf das Backblech legen und weitere 4 Minuten im Ofen garen.

4| Inzwischen die Sauce mit Salz und Pfeffer abschmecken, dann durch ein Sieb passieren. Die Butter hineinrühren. Die Trauben waschen, trocken tupfen, große Exemplare gegebenenfalls halbieren und in der Sauce erwärmen. Die Butter in einer Pfanne zerlassen und die Schwarzwurzeln darin knusprig braten. Das Fleisch mit der Sauce und den Schwarzwurzeln servieren. Dazu passen Schupfnudeln.

Rehrücken

MIT FRUCHTIGER ROTWEINSAUCE

FÜR 4 PORTIONEN

- 800 g Rehrücken mit Knochen
- 1 Zwiebel
- 1 Möhre
- ½ Knollensellerie
- 1 Stange Lauch
- 1 Bund Thymian
- 3 Zweige Rosmarin
- 3 El Butterschmalz
- 2 El Tomatenmark
- 500 ml Rotwein
- 250 ml Wildfond
- je 3 Piment- und Pfefferkörner
- 3 Wacholderbeeren
- 1 Lorbeerblatt
- 1 El schwarzes Johannisbeergelee
- Salz
- Pfeffer
- 2 El eiskalte Butter

PRO PORTION
ca. 312 kcal/1306 kJ
35 g E, 12 g F, 6 g KH

ZUBEREITUNGSZEIT: ca. 1 Stunde 30 Minuten (plus Kochzeit)

1| Den Rehrücken waschen und trocken tupfen. Das Fleisch auslösen, die Knochen in größere Abschnitte teilen. Die Knochen unter fließendem Wasser abspülen, dann trocken tupfen. Die Zwiebel schälen und hacken. Möhre und Sellerie putzen, schälen und grob würfeln. Lauch waschen, putzen und vierteln. Thymian und 2 Rosmarinzweige waschen und trocken schütteln.

2| 1 Esslöffel Butterschmalz in einem Bräter erhitzen und die Knochen darin kräftig anrösten. Das Gemüse hinzugeben, ca. 3 Minuten weiterrösten, dann das Tomatenmark dazurühren. Anrösten, bis es dunkel wird, mit 250 ml Rotwein ablöschen. Fast vollständig einkochen lassen, den restlichen Rotwein und den Wildfond hinzugießen. Die Gewürze mit Thymian und Rosmarin hinzufügen. Alles mit geschlossenem Deckel bei milder Hitze ca. 2 Stunden simmern lassen. Danach in einen anderen Topf passieren, das Gelee unterrühren, abschmecken und weiter sanft einkochen lassen.

3| Den Backofen auf 160 °C vorheizen. Das Fleisch in vier gleich große Stücke teilen. Von dem restlichen Rosmarinzweig die Nadeln abzupfen und fein hacken. Das Fleisch mit Salz, Pfeffer und Rosmarin würzen. Das restliche Butterschmalz in einer Pfanne zerlassen. Das Fleisch von beiden Seiten ca. 2 Minuten braten, dann auf einem mit Backpapier ausgelegtem Blech im Ofen ca. 3 Minuten fertig garen. Herausnehmen und ca. 2 Minuten in Alufolie gewickelt ruhen lassen.

4| Das Bratfett aus der Pfanne abgießen, die Sauce hinzugießen und einmal aufkochen lassen. Vom Herd nehmen und die eiskalte Butter zum Binden unterrühren. Das Fleisch mit der Sauce servieren. Dazu passen Schupfnudeln und Rotkohl.

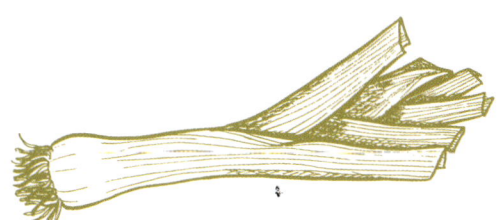

DER VERFÜHRER

VERLOCKENDE REZEPTE ZUM VERZAUBERN

Rindercarpaccio

— MIT SPROSSEN —

FÜR 4 PORTIONEN

- 400 g Rindfleisch aus der Hüfte
- 400 g Tiroler Bergkäse
- 100 g Radieschensprossen
- 150 g Rucola
- 3 El Olivenöl
- 2 El Aceto balsamico
- Salz
- Pfeffer
- 1 El frisch gehackte glatte Petersilie

PRO PORTION
ca. 622 kcal/2612 kJ
48 g E, 47 g F, 1 g KH

ZUBEREITUNGSZEIT: ca. 20 Minuten (plus Gefrierzeit)

1| Das Rindfleisch in sehr dünne Scheiben schneiden. Dazu das Fleisch vor dem Schneiden für 1 Stunde in den Gefrierschrank legen. Den Käse in sehr feine Würfel schneiden. Die Sprossen und den Rucola waschen und trocken schütteln.

2| Die Rindfleischscheiben auf einen Teller legen. Den Rucola und die Sprossen darüber verteilen und mit den Käsewürfeln belegen.

3| Das Olivenöl mit dem Essig verrühren, mit Salz und Pfeffer würzen und mit der Petersilie mischen. Das Dressing über das Carpaccio träufeln. Dazu frisches Bauernbrot reichen.

Jakobsmuscheln

—— MIT SPECK ——

FÜR 4 PORTIONEN

- 24 frische Jakobsmuscheln mit Schale
- 24 dünne Scheiben Frühstücksspeck
- Cayennepfeffer
- 1 unbehandelte Zitrone

PRO PORTION
ca. 223 kcal/936 kJ
27 g E, 6 g F, 12 g KH

ZUBEREITUNGSZEIT: ca. 25 Minuten

1| Das weiße Muschelfleisch mit einem scharfen Messer vorsichtig aus der Schale lösen, ohne es zu beschädigen. Den Corail entfernen.

2| Jede Muschel fest mit 1 Scheibe Frühstücksspeck umwickeln. Je drei Muschelpäckchen auf einen Metallspieß stecken.

3| Die Muschelspieße auf dem vorgeheizten Grill oder in der Pfanne etwa 4 Minuten grillen bzw. braten. Mit Cayennepfeffer bestreuen und mit Zitronenachteln servieren. Dazu passen frisch geröstetes Knoblauchbrot und gegrillte Kirschtomaten.

VENUSMUSCHEL-CURRY

MIT AUBERGINEN

FÜR 4 PORTIONEN

- 2 kg Venusmuscheln in der Schale
- 8 Knoblauchzehen
- 12 kleine runde Thai-Auberginen, ersatzweise 4 europäische Auberginen
- 10 Kaffir-Limettenblätter, ersatzweise tiefgekühlt
- 5 Stängel Thai-Basilikum
- 6 El Öl
- 2 El gelbe Currypaste
- 8 El Fischsauce
- 4 El helle Sojasauce
- 4 Tl Zucker

PRO PORTION
ca. 507 kcal/2123 kJ
36 g E, 28 g F, 33 g KH

ZUBEREITUNGSZEIT: ca. 35 Minuten

1| Die Muscheln gründlich waschen, bereits geöffnete Exemplare entfernen. Den Knoblauch schälen und fein würfeln. Die Auberginen waschen, putzen und in ca. 2 cm große Würfel schneiden.

2| Limettenblätter waschen, die harte Mittelrippe herausschneiden und die Blätter in feine Streifen schneiden. Thai-Basilikum waschen und die Blättchen abzupfen.

3| Öl erhitzen und den Knoblauch darin ca. 2 Minuten goldgelb anbraten. Dann die Currypaste unterrühren und kurz mitbraten. Die Muscheln hineingeben und unter ständigem Rühren alle restlichen Zutaten.

4| Das Curry 5–8 Minuten garen. Wenn sich die Muscheln geöffnet haben, das Gericht auf vorgewärmte Schälchen verteilen. Dabei Muscheln, die sich nicht geöffnet haben, entfernen.

Saté-Spieße

— MIT KORIANDER —

FÜR 4 PORTIONEN

- 1 Stück Ingwer (ca. 3 cm)
- 1 Knoblauchzehe
- 125 ml ungesüßte Kokosmilch
- 1 El brauner Zucker
- 1 TI gemahlener Kurkuma
- 1 TI Kreuzkümmel
- 3 El helle Sojasauce
- Salz
- schwarzer Pfeffer
- 1 Bund Koriander
- 500 g Hühnerbrustfilet

PRO PORTION
ca. 210 kcal/880 kJ
31 g E, 7 g F, 5 g KH

ZUBEREITUNGSZEIT: ca. 35 Minuten (plus Marinierzeit)

1| Den Ingwer schälen, zunächst in dünne Scheiben, dann in kleine Würfel schneiden. Den Knoblauch abziehen und sehr fein hacken. Die Kokosmilch in einer Schüssel mit Ingwer, Knoblauch, braunem Zucker, Kurkuma, Kreuzkümmel und der Sojasauce vermischen, mit Salz und Pfeffer würzen. Den Koriander waschen und mit Küchenkrepp trocken tupfen. Die Blättchen von den Stielen zupfen und mit einem großen Küchenmesser fein hacken. Ebenfalls zur Kokosmilch geben.

2| Die Hühnerbrustfilets unter kaltem Wasser abbrausen, trocken tupfen und in dünne Scheiben schneiden. Das Fleisch wellenförmig auf Schaschlikspieße stecken und mit der Marinade übergießen. Abgedeckt für mindestens 1–2 Stunden kühl stellen, dabei mehrmals wenden und mit der Marinade bestreichen.

3| Nach der Marinierzeit die Saté-Spieße aus der Marinade nehmen, kurz abtropfen lassen und auf dem elektrischen Grill von beiden Seiten 2–3 Minuten grillen. Die Zubereitung gelingt auch im Backofen. Hierfür den Grill nach Anleitung vorheizen und die Spieße auf dem Rost auf der obersten Schiene grillen. Dabei nach 2–3 Minuten wenden. Die Spieße mit einer asiatischen Sauce, z. B. Erdnusssauce, und mit Basmatireis servieren.

Lachsfilet

— MIT RUCOLASAUCE —

FÜR 4 PORTIONEN

- 500 g Lachsfilet
- Salz
- Pfeffer
- 2 El Olivenöl

FÜR DIE RUCOLASAUCE
- 1 Bund Rucola
- 1 Knoblauchzehe
- 300 ml Kalbsfond
- 3 El kalte Butter
- Salz
- Pfeffer
- 1 Spritzer Zitronensaft

PRO PORTION
ca. 252 kcal/1058 kJ
23 g E, 16 g F, 1 g KH

ZUBEREITUNGSZEIT: ca. 25 Minuten (plus Kochzeit)

1| Das Lachsfilet waschen, trocken tupfen, in vier Stücke schneiden und mit Salz und Pfeffer würzen. Das Olivenöl in einer Pfanne erhitzen und die Filets darin nicht ganz durch braten. Warm stellen.

2| Den Rucola waschen, trocken schütteln, die Stiele entfernen und die Blätter in feine Streifen schneiden. Den Knoblauch schälen und fein hacken.

3| Den Fond in einem Topf stark einkochen, die kalte Butter zugeben und mit dem Schneebesen schaumig rühren. Die Rucolastreifen und den Knoblauch zugeben und mit Salz, Pfeffer sowie etwas Zitronensaft abschmecken.

4| Die Lachsfilets auf Tellern anrichten und mit der Rucolasauce servieren. Dazu breite Bandnudeln reichen.

SEETEUFELFILET

MIT OLIVENPASTE

FÜR 4 PORTIONEN

- 2 unbehandelte Zitronen
- 1 Zweig Rosmarin
- 1 Tl Meersalz
- 4 Seeteufelfilets (à ca. 200 g)
- 200 g schwarze Oliven ohne Stein
- ½ rote Chilischote
- je ½ Bund Basilikum, Majoran und Petersilie
- zarte Blätter vom Staudensellerie
- 1 Knoblauchzehe
- 8 El Olivenöl
- schwarzer Pfeffer
- etwas Aceto balsamico
- 150 g Rucola
- Salz

PRO PORTION
ca. 400 kcal/1680 kJ
38 g E, 26 g F, 1 g KH

ZUBEREITUNGSZEIT: ca. 20 Minuten (plus Marinier- und Garzeit)

1| Zitronen waschen, abtrocknen und die Schale fein abreiben. Zitronen auspressen und Saft beiseitestellen. Rosmarin waschen und trocken schütteln. Nadeln abzupfen, mit Salz und Zitronenschale im Mörser zerstoßen. Fisch abspülen, trocken tupfen und mit der Paste einreiben. In Folie wickeln und 1 Stunde im Kühlschrank ziehen lassen.

2| Die Oliven grob hacken. Die Chili längs aufschneiden, entkernen, waschen und hacken. Kräuter und Staudensellerieblätter waschen, trocken schütteln und hacken. Knoblauch schälen und fein hacken. 3 Esslöffel Olivenöl und 4-5 Esslöffel Zitronensaft unterrühren. Mit Pfeffer und Balsamico abschmecken.

3| Backofen auf 200 °C vorheizen. Die Fischfilets aus dem Kühlschrank nehmen, Marinade abtupfen und den Fisch mit etwas Olivenöl bestreichen. Eine große ofenfeste Pfanne erhitzen. 1-2 Esslöffel Olivenöl hineingeben. Den Fisch darin auf beiden Seiten 2 Minuten anbraten und ca. 7 Minuten im Ofen fertig garen.

4| Rucola waschen, putzen und trocken schleudern. In einer Schüssel mit dem restlichen Olivenöl und etwas Zitronensaft, Salz und Pfeffer anmachen. Rucola und Fisch auf vorgewärmten Tellern mit der Olivenpaste anrichten. Dazu schmeckt Kartoffelpüree.

DORADE

AUS DEM OFEN MIT GRÜNEN PETERSILIE-SARDELLEN-BOHNEN

FÜR 4 PORTIONEN

- 600 g grüne Bohnen
- Salz
- 4 kleine küchenfertige Doraden (à 350 g)
- 1 unbehandelte Zitrone
- 1 Zwiebel
- 2 Knoblauchzehen
- 6 eingelegte Sardellenfilets
- 1 Bund glatte Petersilie
- 3 El Olivenöl

PRO PORTION
ca. 479 kcal/2013 kJ
75 g E, 15 g F, 9 g KH

ZUBEREITUNGSZEIT: ca. 30 Minuten (plus Garzeit)

1| Den Backofen auf 200 °C vorheizen. Ein Backblech mit Backpapier auslegen. Die Bohnen putzen und waschen. In ausreichend kochendem Salzwasser ca. 8 Minuten bissfest kochen. In ein Sieb abgießen, abschrecken und abtropfen lassen.

2| Die Doraden innen und außen waschen und trocken tupfen. Die Haut mit einem scharfen Messer von jeder Seite dreimal einschneiden. Die Zitrone heiß waschen und in dünne Scheiben schneiden. Die Zwiebel und die Knoblauchzehen schälen und hacken. Die Sardellenfilets gut waschen, trocken tupfen und hacken. Die Petersilie waschen, trocken schütteln und die Blättchen hacken.

3| Die Doraden innen und außen salzen und pfeffern. Die Zitronenscheiben im Inneren der Doraden verteilen. Die Doraden auf das Backblech legen. Mit 2 Esslöffeln Olivenöl beträufeln. Auf der mittleren Schiene ca. 18 Minuten backen.

4| 1 Esslöffel Olivenöl in einem Topf erhitzen. Die Zwiebelwürfel darin unter Rühren ca. 5 Minuten andünsten. Den Knoblauch und die Sardellen hinzugeben. Alles weitere 3 Minuten anschwitzen. Die Bohnen hinzugeben und gut unterheben. So lange mitbraten, bis sie wieder heiß sind. Zum Schluss die Petersilie unterheben. Die Bohnen und Doraden auf Teller verteilen und sofort servieren.

TIPP

Um zu prüfen, ob die Fische gar sind, einfach sachte an der Rückenflosse ziehen. Wenn sich diese leicht aus dem Fleisch löst, ist der Fisch gar.

RISOTTO

MIT STEINPILZEN

FÜR 4 PORTIONEN

- 250 g frische Steinpilze
  (oder 50 g getrocknete)
- 1 Zwiebel
- 3 El Butter
- 400 g Risottoreis
- 50 ml Weißwein
- 1 l heiße Gemüsebrühe
- Salz
- Pfeffer
- 50 g Parmesan
- 2 El frisch gehackte Petersilie

PRO PORTION
ca. 498 kcal/2092 kJ
14 g E, 12 g F, 80 g KH

ZUBEREITUNGSZEIT: ca. 40 Minuten

1| Frische Steinpilze putzen und klein schneiden (getrocknete Pilze in 200 ml Wasser einweichen). Die Zwiebel schälen und hacken. 2 Esslöffel Butter in einer Pfanne erhitzen und Zwiebel und Steinpilze darin anschmoren. Den Risottoreis zugeben und unter Rühren weiterschmoren, bis der Reis leicht glasig wird.

2| Erst den Weißwein zugeben und einkochen lassen, dann 1 Kelle von der Gemüsebrühe zugeben. Rühren, bis der Reis die Flüssigkeit fast aufgesogen hat, dann noch 1-2 Kellen Brühe zugießen. So weiterverfahren, bis die Brühe aufgebraucht und der Reis cremig ist. Mit Salz und Pfeffer würzen.

3| Den Parmesan reiben und mit der restlichen Butter und der Petersilie unter das Risotto heben. Sofort servieren.

Saltimbocca

MIT WEISSWEINSAUCE

FÜR 4 PORTIONEN

ZUBEREITUNGSZEIT: ca. 30 Minuten

FÜR DAS FLEISCH
- 8 kleine, dünne Kalbsschnitzel (à ca. 75 g)
- Salz
- Pfeffer
- 8 Scheiben hauchdünn geschnittener Parmaschinken
- 8 große Salbeiblätter
- 1 El Mehl
- 2 El Butter

FÜR DIE SAUCE
- 150 ml Weißwein
- 1 Spritzer Zitronensaft
- Salz
- Pfeffer
- 3 El eiskalte Butter

PRO PORTION
ca. 330 kcal/1370 kJ
35 g E, 17 g F, 3 g KH

1| Zum Warmhalten den Backofen auf 70 °C vorheizen. Eine ofenfeste Form hineinstellen, in der die Kalbsschnitzel Platz haben. Das Fleisch waschen, trocken tupfen, leicht salzen und pfeffern. Den Parmaschinken und die Salbeiblättchen darauf verteilen und mit Holzstäbchen feststecken. Die Unterseiten hauchdünn mit Mehl bestäuben, überschüssiges Mehl abklopfen.

2| Die Butter in einer Pfanne erhitzen und die Schnitzel von jeder Seite etwa 3 Minuten bei mittlerer Hitze braten. Fertige Schnitzel im Ofen warm halten. Wenn alle Schnitzel fertig sind, für die Sauce den Bratensatz mit Weißwein loskochen und bei starker Hitze ca. 5 Minuten offen kochen lassen.

3| Mit Zitronensaft, Salz und Pfeffer abschmecken. Die Pfanne vom Herd nehmen und die eiskalte Butter unterrühren. Das Fleisch mit der Weißweinsauce servieren. Dazu schmeckt Risotto.

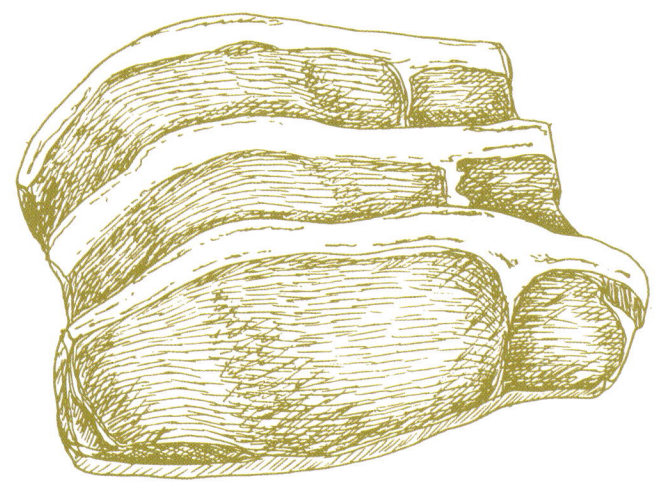

LAMMKOTELETTS

MIT LINSEN-AVOCADO-SALAT

FÜR 4 PORTIONEN

ZUBEREITUNGSZEIT: ca. 30 Minuten (plus Marinier- und Kochzeit)

FÜR DIE LAMMKOTELETTS
- je 1 Tl Pfefferkörner, Kreuzkümmel-, Koriander- und Fenchelsamen
- 2 getrocknete Chilischoten
- 3 Knoblauchzehen
- 3 El Olivenöl
- 12 Lammkoteletts
- Salz, Pfeffer
- Öl zum Braten

FÜR DEN SALAT
- 250 g Beluga-Linsen
- 1 Bund glatte Petersilie
- ½ Bund Minze
- 1 rote Zwiebel
- 1 kleine Gurke
- 1 Avocado
- 2 El Zitronensaft
- 3 El Olivenöl
- Salz, Pfeffer

PRO PORTION
ca. 1171 kcal/4919 kJ
55 g E, 92 g F, 33 g KH

1| Für die Lammkoteletts Gewürze und Chilischoten in einen Mörser geben und grob zerstoßen. Knoblauch schälen und in Scheiben schneiden. Alles mit dem Olivenöl verrühren. Die Lammkoteletts waschen, trocken tupfen und mit der Gewürzmischung einreiben. Im Kühlschrank in Folie gewickelt ca. 2 Stunden marinieren. Dann aus dem Kühlschrank nehmen und in ca. 30 Minuten auf Zimmertemperatur erwärmen.

2| Für den Salat die Linsen abspülen und in einen Topf mit ausreichend kaltem Wasser geben. Bei mittlerer Hitze in ca. 20 Minuten gar kochen. Die Linsen in ein Sieb abgießen, abschrecken und abtropfen lassen. Petersilie und Minze waschen, trocken schütteln und die Blättchen hacken. Die Zwiebel schälen und sehr fein würfeln. Die Gurke waschen, putzen, schälen und längs halbieren. Mit einem Teelöffel die Kerne herausschaben, das Fruchtfleisch würfeln.

3| Linsen, Kräuter, Zwiebel und Gurkenwürfel in einer Schüssel mischen. Die Avocado schälen, das Fruchtfleisch vom Stein schneiden und würfeln. Sofort mit dem Zitronensaft mischen. Zusammen mit dem Öl unter den Salat heben. Alles kräftig mit Salz und Pfeffer abschmecken.

4| Die Gewürze von den Lammkoteletts grob abstreifen. In zwei Pfannen jeweils etwas Öl erhitzen. Die Koteletts salzen und pfeffern und bei starker Hitze von jeder Seite ca. 3 Minuten braten. In Alufolie gewickelt ca. 3 Minuten ruhen lassen. Die Koteletts mit dem ausgetretenen Fleischsaft und dem Salat servieren.

DER GRILLMASTER

HEISSE REZEPTE VOM GRILL

GEGRILLTE MAISKOLBEN

MIT PIKANTER BUTTER

FÜR 4 PORTIONEN

- ½ rote Zwiebel
- 2 El Olivenöl
- 2 Knoblauchzehen
- 1 El Chilipulver
- 2 Tl Paprikapulver
- 1 Tl gerösteter Kreuzkümmel
- ½ Tl Cayennepfeffer
- 2 Tl Zuckersirup
- 200 g ungesalzene Butter
- 1 Tl Worcestersauce
- Salz
- Pfeffer
- 8 Maiskolben

PRO PORTION

ca. 465 kcal/1953 kJ
3 g E, 45 g F, 2 g KH

ZUBEREITUNGSZEIT: ca. 30 Minuten (plus Koch-, Kühl- und Grillzeit)

1| Die Zwiebel fein hacken und im Öl glasig schmoren. Knoblauch schälen und fein hacken. Zur Zwiebel geben und kurz mitschmoren. Chili- und Paprikapulver, Kreuzkümmel und Cayennepfeffer zugeben. Alles etwa 1 Minute schmoren. 100 ml Wasser und den Zuckersirup zugeben und köcheln, bis die Masse andickt. Abkühlen lassen.

2| Die Butter im Mixer mit der Worcestersauce und der Würzmischung weich rühren. Mit Salz und Pfeffer abschmecken. Für 30 Minuten kalt stellen.

3| Die Maiskolben säubern, die Fäden entfernen, die Blätter am Kolben lassen. Die Kolben 10 Minuten in einen Topf mit kaltem Wasser und 1 Teelöffel Salz geben. Herausnehmen, Wasser abschütteln und die Kolben in die Blätter gehüllt auf den vorgeheizten Grill legen. Etwa 20 Minuten grillen, mehrmals wenden. Wenn die Körner weich sind, die Kolben vom Grill nehmen und noch heiß mit der Würzbutter bestreichen.

Süßkartoffelstücke
MIT
— CRANBERRY-WHISKY-GLASUR —

FÜR 4 PORTIONEN

- 4 mittelgroße Süßkartoffeln
- Salz
- 600 ml Cranberrysaft
- 60 g brauner Zucker
- ½ Tl Zimt
- ¼ Tl Cayennepfeffer
- 1 El Whisky (Bourbon)
- 50 ml Rapsöl

PRO PORTION
ca. 425 kcal/1785 kJ
3 g E, 14 g F, 70 g KH

ZUBEREITUNGSZEIT: ca. 20 Minuten (plus Koch- und Grillzeit)

1| Die Süßkartoffeln gut waschen und in einem Topf mit kochendem Salzwasser etwa 15 Minuten bissfest garen. Abgießen, abtropfen und abkühlen lassen. Anschließend jede Kartoffel vierteln.

2| Den Cranberrysaft mit dem Zucker, dem Zimt, dem Cayennepfeffer und ¼ Teelöffel Salz verrühren und in einem Topf zum Kochen bringen. Unter Rühren etwa 10 Minuten köcheln, bis die Mischung auf 150 ml eingekocht ist. Den Whisky einrühren und 1 weitere Minute kochen. Vom Herd nehmen und abkühlen lassen.

3| Die Süßkartoffelviertel auf allen Seiten mit Rapsöl einstreichen und salzen. Auf den heißen Grill legen und mehrmals mit der Cranberryglasur einstreichen. Etwa 6 Minuten grillen, bis sie goldbraun sind.

Gemüsespieße
— MIT WÜRZÖL —

FÜR 4 PORTIONEN

- 4 Knoblauchzehen
- je 2 Zweige Thymian und Oregano
- 1 Zweig Rosmarin
- 1 rote Chilischote
- 200 ml Olivenöl
- 1 El Ketchup
- 1 El Aceto balsamico
- Salz
- Pfeffer
- 2 Fenchelknollen
- 4 kleine Zucchini
- je 2 rote und grüne Paprikaschoten
- 1 gelbe Paprikaschote
- 4 Schalotten

PRO PORTION
ca. 318 kcal/1333 kJ
7 g E, 27 g F, 13 g KH

ZUBEREITUNGSZEIT: ca. 20 Minuten (plus Koch-, Marinier- und Grillzeit)

1| Knoblauch schälen und fein hacken. Die Kräuter waschen, trocknen, die Blätter und Nadeln abzupfen und fein hacken. Die Chilischote entkernen, waschen und in dünne Ringe schneiden. Alles mit dem Olivenöl verrühren, Ketchup und Aceto einrühren, salzen und pfeffern.

2| Den Fenchel putzen, äußere harte Blätter entfernen, die Knollen etwa 10 Minuten in kochendem Salzwasser garen, abgießen, abtropfen lassen und in Viertel schneiden. Die Zucchini und Paprikaschoten putzen, Paprika entkernen, waschen und beides in Scheiben bzw. mundgerechte Stücke schneiden. Die Schalotten schälen und achteln. Das Gemüse 1 Stunde mit dem Würzöl marinieren.

3| Anschließend das Gemüse abwechselnd auf Holzspieße stecken und etwa 10 Minuten grillen. Währenddessen mit dem Würzöl bestreichen.

ZWIEBELSPIESSE

MIT SPECK UND BACKPFLAUMEN

FÜR 4 PORTIONEN

- 24 Backpflaumen
- ½ Zimtstange
- 1 Gewürznelke
- 1 Stück unbehandelte Zitronenschale
- 150 ml Weißwein
- 2 El Chilisauce
- 2 El Sesamöl
- 500 g frische Perlzwiebeln
- 12 Scheiben durchwachsener Speck

PRO PORTION
ca. 383 kcal/1607 kJ
11 g E, 7 g F, 60 g KH

ZUBEREITUNGSZEIT: ca. 20 Minuten (plus Koch- und Grillzeit)

1| Die Backpflaumen mit Zimtstange, Nelke, Zitronenschale und Wein in einem Topf etwa 5 Minuten köcheln. Dann die Früchte in einem Sieb abtropfen lassen, den Sud auffangen und auf die Hälfte einkochen lassen. Zimtstange und Nelke entfernen, Chilisauce und Öl einrühren.

2| Die Perlzwiebeln schälen. Die Speckscheiben halbieren und je 1 Backpflaume darin einwickeln. Abwechselnd mit den Perlzwiebeln auf Spieße stecken.

3| In eine Alu-Grillpfanne geben und etwa 8 Minuten auf dem heißen Grill zubereiten. Mehrmals mit der Marinade einstreichen. Dazu passt Reis.

Hamburger
— DER KLASSIKER —

FÜR 4 PORTIONEN

ZUBEREITUNGSZEIT: ca. 30 Minuten (plus Einweichzeit)

FÜR DIE BUNS
• 4 Weizenbrötchen mit Sesam

FÜR DIE PATTYS
• 1 trockenes Brötchen
• ca. 120 ml lauwarme Milch
• 1 fein gewürfelte Zwiebel
• 2 Eier
• 600 g Rinderhack
• Salz
• Pfeffer

GEWÜRZE & AROMEN
• 3 El fein gewürfelte
  rote Paprikaschote
• 1 Prise Chilipulver
• 1 Tl getrockneter Thymian
• 1 Tl getrockneter Rosmarin

FÜR DAS TOPPING
• 4 grüne Salatblätter
• 2 eingelegte Gurken
• 4 Tomaten
• 4 Scheiben Gouda
• 4 Tl Ketchup
• 4 Tl Mayonnaise

PRO PORTION
ca. 790 kcal/3305 kJ
57 g E, 44 g F, 53 g KH

1| Das trockene Brötchen würfeln und in der Milch 10 Minuten einweichen, gut ausdrücken. Alle Zutaten für die Pattys bis auf die Gewürze in eine Schüssel geben und gut vermengen. Anschließend nach Belieben mit den Gewürzen abschmecken.

2| Mit feuchten Händen aus dem Teig vier Pattys formen und von jeder Seite 3-4 Minuten grillen. Die Burger-Brötchen halbieren und die Schnittflächen kurz auf dem Grill antoasten.

3| Für die Toppings die Salatblätter waschen und trocken schütteln. Die Gurken in dünne Scheiben schneiden. Die Tomaten waschen und ebenfalls in dünne Scheiben schneiden, dabei den Stielansatz entfernen.

4| Jeweils die untere Brötchenhälfte mit 1 Salatblatt, den Gurkenscheiben, dem Patty, 1 Scheibe Käse und den Tomatenscheiben belegen. Darauf je 1 Teelöffel Ketchup und Mayonnaise geben und die obere Brötchenhälfte aufsetzen.

RINDFLEISCH-AVOCADO-BURGER

MIT BLUE-CHEESE-CREAM

FÜR 4 PORTIONEN

FÜR DIE GUACAMOLE
• 2 Avocados
• 1 Knoblauchzehe
• 2 grüne Chilischoten
• Saft von 1 Limette
• Salz
• Pfeffer

FÜR DIE BLUE-CHEESE-CREAM
• 100 g Gorgonzola
• 100 g griechischer Joghurt
• 50 g Mayonnaise
• 1 El Zitronensaft
• Salz
• Pfeffer

AUSSERDEM
• 600 g Rinderhack
• 1 El Dijon-Senf
• Salz
• Pfeffer
• 2 orangefarbene Paprikaschoten
• 2 rote Zwiebeln
• Salatblätter zum Belegen
• 4 Brötchen nach Wahl
  (am besten schön kross)
• Öl zum Bepinseln

PRO PORTION
ca. 819 kcal/3431 kJ
42 g E, 55 g F, 40 g KH

1| Das Avocadofruchtfleisch zusammen mit der geschälten Knoblauchzehe, den geputzten und gewaschenen Chilischoten und Limettensaft pürieren. Mit Salz und Pfeffer abschmecken und bis zur weiteren Verwendung kühl stellen.

2| Gorgonzola mit Joghurt, Mayonnaise und Zitronensaft pürieren. Mit Salz und Pfeffer abschmecken. Das Hackfleisch mit Senf und etwas Salz und Pfeffer verkneten und daraus 4 gleich große Pattys formen. Die Paprikaschoten halbieren, putzen, waschen, trocken tupfen und in dicke Spalten schneiden. Die Zwiebeln schälen und auf der Gemüsereibe fein raspeln. Die Salatblätter zum Belegen waschen und abtropfen lassen.

3| Pattys und Paprikaspalten mit Öl bepinseln und auf dem heißen Grill von beiden Seiten garen (Paprikaschoten pro Seite ca. 2 Minuten, Pattys je nach gewünschtem Gargrad pro Seite 3-5 Minuten).

4| Zum Fertigstellen die Brötchen halbieren und alle Schnittflächen mit Guacamole bestreichen. Die unteren Seiten mit Salatblättern belegen, darauf je 2 Paprikaspalten, die Pattys und jeweils 1 großen Klecks Blue-Cheese-Cream geben. Die Zwiebeln darauf verteilen und mit den restlichen Brötchenhälften abdecken. Restliche Sauce und Paprika-spalten dazu reichen.

GRILLSTEAKS
MIT
BALSAMICO-ROSMARIN-BUTTER

FÜR 4 PORTIONEN

- 300 ml Aceto balsamico
- 2 Tl schwarze Pfefferkörner
- 2 Tl Honig
- 2 El frisch gehackte Rosmarinnadeln
- 150 g weiche ungesalzene Butter
- Salz
- 4 Rindersteaks
- 2 El Olivenöl
- Pfeffer

PRO PORTION
ca. 527 kcal/2205 kJ
35 g E, 41 g F, 4 g KH

ZUBEREITUNGSZEIT: ca. 40 Minuten (plus Koch-, Grill- und Ruhezeit)

1| Den Essig und die Pfefferkörner in einen Topf geben. Bei hoher Temperatur aufkochen und auf etwa 50 ml einkochen. Die Mischung durchsieben, den Honig und die Rosmarinnadeln einrühren und abkühlen lassen.

2| Die Essigmischung mit der weichen Butter und 1 Teelöffel Salz im Mixer cremig rühren. 30 Minuten kalt stellen.

3| Inzwischen die Steaks waschen, trocken tupfen und mit Olivenöl bestreichen. Auf dem heißen Grill 5 Minuten grillen, dann wenden und weitere 10 Minuten (medium) grillen. Die Steaks vom Grill nehmen, in Folie wickeln und 5 Minuten ruhen lassen. Mit Salz und Pfeffer würzen. Auf jedes Steak etwas von der Butter geben und servieren.

Lammchops

— MIT HONIGGLASUR —

FÜR 4 PORTIONEN

- 75 ml alter Aceto balsamico
- 3 El Honig
- Salz
- Pfeffer
- 12 Lammchops
- 2 El Olivenöl

PRO PORTION
ca. 338 kcal/1417 kJ
58 g E, 10 g F, 3 g KH

ZUBEREITUNGSZEIT: ca. 15 Minuten (plus Grill- und Ruhezeit)

1| Den Essig mit dem Honig gut verrühren und mit Salz und Pfeffer würzen. Die Hälfte der Mischung beiseitestellen.

2| Die Lammchops waschen, trocken tupfen, mit dem Olivenöl bestreichen und würzen. Auf dem heißen Grill von jeder Seite etwa 2 Minuten grillen. Mit Honigglasur bestreichen und weitere 2 Minuten grillen.

3| Die Chops vom Grill nehmen und mit der beiseitegestellten Honigmischung bestreichen. In Folie wickeln und 5 Minuten ruhen lassen.

4| Die Chops servieren. Dazu schmecken ein Minzpesto und frisches Brot.

FLEISCHSPIESSE

MIT INDONESISCHER SAUCE

FÜR 4 PORTIONEN

- 600 g Schweinelende
- 2 Zwiebeln
- 4 Knoblauchzehen
- Salz
- 3 El Olivenöl
- je 1 El Zitronenpfeffer,
  Fünf-Gewürz-Pulver, Zucker
- Pfeffer
- 6 El Erdnussöl
- 3 El Erdnussbutter
- 2 El Garnelenpaste
- 1 El Sambal Oelek
- 2 El Sojasauce
- Saft von 1 Limette und Orange
- 50 g gemahlene Sesamkörner

PRO PORTION
ca. 462 kcal/1940 kJ
35 g E, 34 g F, 5 g KH

ZUBEREITUNGSZEIT: ca. 25 Minuten (plus Marinier- und Grillzeit)

1| Die Schweinelende waschen, trocken tupfen und in dünne Scheiben schneiden. Die Fleischscheiben auf kleine Spieße stecken. 1 Zwiebel und 2 Knoblauchzehen schälen. Die Zwiebel fein hacken, die Knoblauchzehen mit 1 Teelöffel Salz zerdrücken.

2| Zwiebel, Knoblauch und Olivenöl mit den Gewürzen mischen, mit Salz und Pfeffer abschmecken. Die Spieße in einer Schale mit der Marinade überziehen. 3 Stunden ziehen lassen.

3| Das Erdnussöl mit Erdnussbutter, Garnelenpaste, Sambal Oelek, Sojasauce und Zitrussäften erhitzen. Die Sesamkörner zugeben. Die andere Zwiebel und die Knoblauchzehen schälen und fein hacken. In die Mischung rühren und aufkochen. Die Sauce vom Herd nehmen, pürieren und erneut erhitzen.

4| Die Spieße auf dem Grill knusprig grillen, auf Tellern anrichten und mit der Sauce servieren. Dazu passt Basmatireis. darüberhobeln.

GEFLÜGELSPIESSE

MIT PISTAZIENPESTO

FÜR 4 PORTIONEN

- 50 g Pistazien
- 1 Bund glatte Petersilie
- 4 Zweige Minze
- 1 unbehandelte Zitrone
- 1 Knoblauchzehe
- 100 ml Olivenöl
- 1 Prise Zucker
- Salz
- Pfeffer
- 4 Hähnchenbrustfilets
- je ½ Tl Nelkenpulver, Kardamom, gemahlener Muskat, Kreuzkümmel
- 8 Tl Akazienhonig

PRO PORTION

ca. 543 kcal/2279 kJ
39 g E, 33 g F, 21 g KH

ZUBEREITUNGSZEIT: ca. 30 Minuten (plus Grillzeit)

1| Für das Pesto die Pistazien ohne Fett rösten und abkühlen lassen. Die Kräuter waschen, trocken schütteln, die Blätter von den Stielen zupfen. Die Schale der Zitrone abreiben, den Saft auspressen. Den Knoblauch schälen und hacken. Pistazien, Kräuter, Knoblauch, Zitronenschale, 3 Esslöffel Zitronensaft, Olivenöl und Zucker im Mixer pürieren. Mit Salz und Pfeffer würzen.

2| Die Hähnchenbrüste waschen und trocken tupfen. Die Brüste in Würfel schneiden und auf Spieße stecken. Die Gewürze mit Salz und Pfeffer mischen und das Fleisch damit einreiben. Gewürze gut festdrücken.

3| Auf dem heißen Grill von jeder Seite 6-8 Minuten grillen. Etwa 2 Minuten vor Ende der Grillzeit das Fleisch mit Honig bestreichen. Mit dem Pesto servieren.

SIZILIANISCHES GRILLHUHN

MIT ORANGEN

FÜR 4 PORTIONEN

- 1 großes Brathuhn (ca. 1 ½ kg)
- 75 g Butter
- Salz
- ½ Tl Tabasco
- 3 Knoblauchzehen
- 3 unbehandelte Orangen
- 2 unbehandelte Limetten
- 125 ml Olivenöl
- 3 El süße Chilisauce
- 2 El Zitronenlikör
- 12 schwarze Oliven
- 3 El frisch gehackter Kerbel
- Kerbel zum Garnieren

PRO PORTION
ca. 967 kcal/4064 kJ
52 g E, 77 g F, 14 g KH

ZUBEREITUNGSZEIT: ca. 30 Minuten (plus Grillzeit)

1| Das Huhn waschen, trocken tupfen und in etwa zehn Teile schneiden. Die Butter mit dem Salz und dem Tabasco mischen. Die Knoblauchzehen schälen und dazupressen. Eine cremige Paste rühren und die Hühnerstücke damit einreiben, auch unter der Haut. Die Teile auf dem Grill 25–30 Minuten knusprig grillen.

2| Für die Sauce die Orangen und Limetten heiß waschen. Von 1 Orange die Haut mit einem Zestenreißer abschälen, 2 Orangen und die Limetten auspressen. Das Olivenöl mit der Chilisauce und den Zitrussäften verrühren, Zitronenlikör und Oliven zugeben. Den Kerbel unter die Sauce rühren und diese kurz erwärmen.

3| Die gegrillten Hähnchenteile mehrmals in der Sauce wenden. Mit Orangenscheiben, Orangenzesten und Kerbel garniert servieren. Die restliche Sauce mit Brot zum Grillhuhn reichen.

CLUBSTEAK

MIT KARTOFFELN UND CHIMICHURRI

FÜR 4 PORTIONEN

ZUBEREITUNGSZEIT: ca. 40 Minuten (plus Grillzeit)

FÜR DIE STEAKS
- 4 Club-Steaks (ohne Knochen à 250 g, mit Knochen à 350 g)
- Salz
- schwarzer Pfeffer

FÜR DIE CHIMICHURRI-SAUCE
- ½ Bund glatte Petersilie
- 1 Bund Oregano
- 1 Knoblauchzehe
- 1 rote Chilischote
- 1 Limette
- 75 ml Olivenöl
- Salz

FÜR DIE KARTOFFELN
- 800 g festkochende Kartoffeln
- 5 Rosmarinzweige
- 2 Knoblauchzehen
- ca. 1,5 l Frittieröl
- 1 El Paprikapulver
- 1 El Currypulver
- 1 Tl Salz
- 1 Msp. Zucker

AUSSERDEM
- idealerweise ein zweiter Grill (alternativ im Backofen zubereiten)
- Grillform mit Rost
- Grillthermometer

PRO PORTION
ca. 926 kcal / 3883 kJ
58 g E, 62 g F, 35 g KH

1| Einen Grill für die Zubereitung bei indirekter niedriger Hitze (100 °C) vorbereiten. Die Steaks abtupfen und ungewürzt auf dem Rost der Grillform bei geschlossenem Deckel vorgaren (alternativ im Backofen). Die Kerntemperatur des Fleisches soll auf 50 °C gebracht werden – immer wieder auf dem Grillthermometer kontrollieren. Dieser Vorgarprozess kann bis zu 2 Stunden dauern. Für die Fertigstellung einen Grill auf direktes Grillen bei 250 °C vorheizen. Die Steaks später auf dem Rost 90 Sekunden bis 2 Minuten direkt bei geschlossenem Deckel fertig garen (dabei soll eine Kerntemperatur von 56 °C erreicht werden), dabei einmal wenden. Die Steaks erst zum Schluss würzen.

2| Währenddessen für das Chimichurri die Kräuter waschen, trocken schütteln und die Blättchen hacken. In einer Schüssel mischen. Die Knoblauchzehe schälen und durch eine Presse dazudrücken. Die Chilischote halbieren, putzen, waschen und fein hacken. Die Limette auspressen. Beides mit dem Olivenöl und etwas Salz zu den Kräutern geben und alles gut verrühren, durchziehen lassen.

3| Die Kartoffeln waschen, schälen und in nicht zu dünne Stifte schneiden. Rosmarin waschen und trocken tupfen. Knoblauch schälen und vierteln. Rosmarin und Knoblauch mit dem Frittierfett erhitzen. Ist das Öl ca. 150 °C heiß, die Kräuter mit einer Schaumkelle herausheben, sie verbrennen sonst und werden bitter. Die Kartoffeln hineingeben und ca. 15 Minuten hellgelb backen. Herausheben und abtropfen lassen. Die Kartoffeln nochmals im auf 180 °C erhitzten Frittieröl ca. 4 Minuten goldbraun und knusprig garen. Herausheben, abtropfen lassen und in einer Schüssel mit Paprika- und Currypulver, Salz und Zucker mischen.

4| Die Steaks mit den Kartoffeln sowie dem Chimichurri servieren.

Gegrillte Shrimps

— MIT TOMATILLODIP —

FÜR 4 PORTIONEN

- 10 Tomatillos
- 2 grüne Chilischoten
- 1 rote Zwiebel
- 4 El Sonnenblumenöl
- Salz
- Pfeffer
- 4 Knoblauchzehen
- 4 cm Ingwer
- ½ Bund Koriander
- 150 g Spinatblätter
- 3 El Sherryessig
- 1 El Honig
- 500 g rohe Shrimps

PRO PORTION
ca. 216 kcal/905 kJ
28 g E, 8 g F, 7 g KH

ZUBEREITUNGSZEIT: ca. 20 Minuten (plus Grillzeit)

1| Tomatillos und Chilischoten waschen und trocken tupfen. Die Zwiebel schälen und in Ringe schneiden. Tomatillos, Chilis und Zwiebel mit 2 Esslöffeln Öl einstreichen, mit Salz und Pfeffer würzen und auf den heißen Grill legen. Die Tomatillos 10-12 Minuten, Zwiebel und Chilis etwa 10 Minuten grillen, bis sie leicht gebräunt sind. Anschließend alle drei Zutaten in den Mixer geben und pürieren. Durch ein Sieb streichen.

2| Die Knoblauchzehen schälen und dazudrücken. Den Ingwer schälen und fein reiben. Den Koriander waschen, trocken schütteln und hacken. Den Spinat putzen, waschen, gut abtropfen lassen und ebenfalls hacken. Diese Zutaten mit Essig und Honig zum Tomatillopüree geben, mit Salz und Pfeffer abschmecken.

3| Die Shrimps waschen, trocken tupfen und den Darm entfernen. Mit dem restlichen Öl einstreichen und auf dem heißen Grill 1-2 Minuten von jeder Seite grillen. Auf Tellern anrichten und mit dem Dip servieren.

SCAMPI-SPIESSE

MIT GEMÜSE

FÜR 4 PORTIONEN

- 12 rohe Riesengarnelen
- 2 El Zitronensaft
- 2 Maiskolben
- Salz
- 1 Zucchini
- 1 rote Paprikaschote
- 8 Champignons
- Pfeffer
- 2 El Olivenöl

PRO PORTION
ca. 323 kcal/1355 kJ
46 g E, 7 g F, 17 g KH

ZUBEREITUNGSZEIT: ca. 15 Minuten (plus Koch- und Grillzeit)

1| Die Riesengarnelen schälen, vom Darm befreien, waschen und trocken tupfen. Mit Zitronensaft beträufeln. Die Maiskolben putzen und in kochendem Salzwasser etwa 10 Minuten garen. Herausnehmen und abtropfen lassen. Dann in 2–3 cm dicke Scheiben schneiden.

2| Die Zucchini und die Paprikaschote putzen, waschen, die Zucchini in Scheiben schneiden, die Paprikaschote entkernen und in Stücke schneiden. Die Pilze putzen und feucht abreiben. Die Stiele kürzen.

3| Die Garnelen abwechselnd mit Mais, Zucchini, Paprika und Pilzen auf Spieße stecken und mit Salz und Pfeffer würzen. Mit dem Olivenöl bestreichen und auf dem heißen Grill etwa 15 Minuten grillen.

DER SÜSSE

DESSERTS ZUM VERLIEBEN

Tiramisu

— KLASSISCH ITALIENISCH —

FÜR 4 PORTIONEN

- 2 Eigelb
- 2 El Zucker
- 350 g Mascarpone
- 2 El Amaretto
- 100 g Löffelbiskuits
- 50 ml kalter Espresso
- 2–3 El ungesüßtes Kakaopulver

PRO PORTION

ca. 520 kcal/2170 kJ
7 g E, 42 g F, 28 g KH

ZUBEREITUNGSZEIT: ca. 20 Minuten (plus Kühlzeit)

1| Das Eigelb und den Zucker in eine Schüssel geben und mit den Schneebesen des Handrührgerätes schaumig rühren. Den Mascarpone löffelweise dazugeben und alles mit Amaretto abschmecken. Dabei ununterbrochen weiterrühren.

2| Den Boden einer flachen Auflaufform oder einer Servierschale mit der Hälfte der Löffelbiskuits auslegen. Diese mit Espresso beträufeln und die Hälfte der Mascarponecreme darauf verteilen. Jetzt eine weitere Lage Löffelbiskuits auslegen, wieder mit Espresso beträufeln und mit Mascarponecreme bestreichen.

3| Das Tiramisu zugedeckt für mindestens 4 Stunden in den Kühlschrank stellen, damit es gut durchziehen kann. Vor dem Servieren das Dessert mit dem Kakaopulver bestäuben.

GRIESSBREI

MIT APRIKOSEN-KIRSCH-KOMPOTT

FÜR 4 PORTIONEN

- 6 Aprikosen
- 150 g Kirschen
- 1 El Honig
- 1 El frisch gepresster Zitronensaft
- 30 g Pistazien
- 500 ml Milch
- 200 ml Sahne
- abgeriebene Schale einer ½ unbehandelten Zitrone
- 50 g Zucker
- 40 g Weichweizengrieß

PRO PORTION
ca. 408 kcal/1708 kJ
9 g E, 24 g F, 38 g KH

ZUBEREITUNGSZEIT: ca. 40 Minuten

1| Die Aprikosen und die Kirschen halbieren und die Steine entfernen. Die Aprikosenhälften in kleine Würfel schneiden und mit dem Honig, dem Zitronensaft und 100 ml Wasser in einen Topf geben. Alles aufkochen und bei mittlerer Hitzezufuhr etwa 10 Minuten köcheln lassen, bis die Aprikosen weich sind. Mit dem Stabmixer fein pürieren und die Kirschen untermengen. Nochmals aufkochen und vom Herd nehmen.

2| Die Pistazien in einer Pfanne ohne Fett anrösten, auskühlen lassen und hacken.

3| Milch, Sahne, Zitronenschale und Zucker in einen Topf geben und aufkochen. Langsam den Weizengrieß einrühren und unter ständigem Rühren 5 Minuten bei mittlerer Hitzezufuhr köcheln lassen. Etwas abkühlen lassen und in Schalen oder auf Tellern anrichten.

3| Das Aprikosen-Kirsch-Kompott auf den Grießbrei geben, die Pistazien darüberstreuen und servieren.

Kaiserschmarrn

— KLASSISCH ÖSTERREICHISCH —

FÜR 4 PORTIONEN

ZUBEREITUNGSZEIT: ca. 20 Minuten (plus Ruhezeit)

- 4 Eier
- 125 g Mehl
- 125 ml Milch
- Salz
- 1 Tl Backpulver
- 2 El Zucker
- 100 g Rosinen
- 4 El Butter
- Puderzucker zum Bestreuen

PRO PORTION
ca. 342 kcal/1436 kJ
12 g E, 12 g F, 43 g KH

1| Die Eier trennen. Das Eigelb mit Mehl, Milch, Salz, Backpulver und Zucker zu einem glatten Teig verarbeiten und 10 Minuten ruhen lassen. Das Eiweiß zu steifem Schnee schlagen und unter den Teig heben. Zuletzt die gewaschenen Rosinen zugeben.

2| 2 Esslöffel Butter in einer Pfanne schmelzen und den Teig hineingeben. Bei mittlerer Temperatur einen knusprigen Pfannkuchen braten. Anschließend wenden, die restliche Butter zugeben und von der anderen Seite ebenfalls goldbraun braten.

3| Den Pfannkuchen nach dem Braten mit zwei Gabeln in Stücke reißen und nochmals kurz braten. Vor dem Servieren mit Puderzucker bestreuen. Dazu frische Früchte oder Zwetschgenröster servieren.

CRUMBLE

MIT PFLAUMEN

FÜR 4 PORTIONEN

• 500 g Pflaumen
• 2 Tl Zimt
• 100 g Zucker
• 100 g Butter
• 100 g Weizenvollkornmehl
• 100 g Mehl
• Butter für die Form

PRO PORTION
ca. 435 kcal/1827 kJ
4 g E, 21 g F, 55 g KH

ZUBEREITUNGSZEIT: ca. 30 Minuten (plus Backzeit)

1| Die Pflaumen waschen, halbieren und entsteinen. Große Pflaumen in Viertel schneiden. Eine flache Auflaufform (etwa 20 cm lang) mit etwas Butter einfetten. Die Pflaumen dicht nebeneinander in die Form setzen.

2| Den Backofen auf 200°C erhitzen. Die Pflaumen mit 1 ½ Teelöffeln Zimt und 2 Esslöffeln Zucker bestreuen.

3| Die Butter in Würfel schneiden, beide Mehlsorten miteinander mischen. Mit dem restlichen Zucker und Zimt in eine Schüssel geben und verrühren. Die Butter hinzufügen und das Ganze zu Streuseln verkneten. Die Streusel über die Pflaumen geben.

4| Den Auflauf im Backofen auf der untersten Schiene etwa 30 Minuten backen.

Panna cotta

— MIT VANILLE —

FÜR 4 PORTIONEN

- 1 Vanilleschote
- 400 ml Sahne
- 40 g Zucker
- 3 Blatt Gelatine

PRO PORTION
ca. 330 kcal/1380 kJ
4 g E, 30 g F, 13 g KH

ZUBEREITUNGSZEIT: ca. 20 Minuten (plus Koch- und Kühlzeit)

1| Die Vanilleschote längs aufschneiden, das Mark mit einem spitzen Messer herauskratzen. Die Sahne mit dem Vanillemark, der Vanilleschote und dem Zucker in einer Schüssel im Wasserbad erhitzen und für mindestens 10 Minuten köcheln lassen.

2| Die Gelatine in kaltem Wasser einweichen. Den Topf vom Herd nehmen, die Vanilleschote herausnehmen und die ausgedrückte Gelatine in die Sahne einrühren. Den Topf wieder auf den Herd stellen und die Gelatine auf kleiner Flamme unter Rühren auflösen.

3| Dessertschalen mit kaltem Wasser ausspülen, die gekochte Sahne einfüllen und im Kühlschrank 4–5 Stunden erstarren lassen. Die Panna cotta vor dem Servieren auf Dessertteller stürzen und nach Belieben garnieren.

Brownies
— MIT WALNÜSSEN —

FÜR 4 PORTIONEN

- 125 g Bitterschokolade
- 100 g weiche Butter
- 2 Eier
- 200 g brauner Zucker
- 1 Päckchen Vanillezucker
- 150 g Mehl
- je ½ TI Backpulver und Salz
- 100 g gemahlene Walnüsse
- Fett und Mehl für die Form
- 12 Walnusshälften

PRO PORTION
ca. 296 kcal/1246 kJ
5 g E, 17 g F, 32 g KH

ZUBEREITUNGSZEIT: ca. 20 Minuten (plus Backzeit)

1| Den Backofen auf 190 °C vorheizen. Eine Springform (Ø 24 cm) leicht einfetten, mit Mehl bestäuben, überschüssiges Mehl abklopfen.

2| Die Schokolade in einem kleinen Topf bei geringer Hitze oder im Wasserbad unter Rühren glatt rühren, beiseitestellen und leicht abkühlen lassen.

3| Butter, Eier und Zucker mit dem elektrischen Handrührgerät in einer Schüssel cremig rühren. Vanillezucker zugeben und gut verrühren. Die Schokolade in die Eiermischung rühren. Mehl, Backpulver und Salz zugeben und alles zu einem glatten Teig verrühren.

4| Die gemahlenen Walnüsse unterheben, den Teig in die Form füllen, gleichmäßig verteilen und mit den Walnusshälften garnieren. Auf der mittleren Schiene ca. 30 Minuten backen, bis die Kuchenmitte fest ist. Abkühlen lassen und in die gewünschten Portionen schneiden.

REZEPTVERZEICHNIS